GESTÃO DE VENDAS 5.0

CAMINHOS PARA A ALTA PERFORMANCE

CLAUDIO TOMANINI

GESTÃO DE VENDAS 5.0

CAMINHOS PARA A ALTA PERFORMANCE

figurati

São Paulo, 2022

Gestão de vendas 5.0: caminhos para a alta performance
Copyright © 2022 by Claudio Tomanini
Copyright © 2022 by Novo Século Ltda.

EDITOR: Luiz Vasconcelos
COORDENAÇÃO EDITORIAL: Stéfano Stella
PREPARAÇÃO: Flávia Cristina de Araújo
REVISÃO: Thiago Fraga/Angélica Mendonça
DIAGRAMAÇÃO: Manoela Dourado/Stéfano Stella
CAPA: Marcela Lois

Texto de acordo com as normas do Novo Acordo Ortográfico da Língua Portuguesa (1990), em vigor desde 1º de janeiro de 2009.

Dados Internacionais de Catalogação na Publicação (CIP)
Angélica Ilacqua CRB-8/7057

Tomanini, Claudio
 Gestão de vendas 5.0: caminhos para a alta performance / Claudio Tomanini. -- Barueri, SP: Novo Século Editora, 2022.

1. Vendas 2. Vendas - Administração 3. Administração de empresas I. Título

22-3241   CDD 658.85

Índice para catálogo sistemático:
1. Gestão de vendas

figurati
uma marca do
Grupo Novo Século

Grupo Novo Século
Alameda Araguaia, 2190 – Bloco A – 11º andar – Conjunto 1111
CEP 06455-000 – Alphaville Industrial, Barueri – SP – Brasil
Tel.: (11) 3699-7107 | E-mail: atendimento@gruponovoseculo.com.br
www.gruponovoseculo.com.br

Dedicatória

Dedico este livro às minhas três melhores e maiores criações:

À minha filha Claudia, que, após estagiar na Nestlè, formou-se em Nutrição pela Universidade São Camilo. Hoje, trabalha na Education First (EF), em Boston, como coordenadora de vendas. É enfática em sua afirmação: "Nasci para ser uma profissional de vendas".

Ao meu filho Eduardo, que, após dedicar-se ao esporte e ser campeão mundial de Taekwondo, resolveu entrar no mercado de trabalho, iniciando em uma empresa na posição de SDR (Representante de Desenvolvimento de Vendas). Hoje, ocupa o cargo de vendedor na Qulture.Rocks. Ressalta sempre: "Nasci para ser da área de vendas".

Ao meu caçula Enzo, de apenas 8 anos, que diz que quer ser empreendedor, dono de negócio. Em sua inocência, relata: "Eu vou contratar todos vocês para trabalharem para mim, assim vou poder mandar".

E claro, à minha amada mãe, Anunciata Tomanini (*in memoriam*), que, em sua condição humilde, costumava me dizer: "Se você acha que é difícil ter sucesso, se dar bem e ficar rico, acredite... ser pobre é muito mais difícil".

Sumário

Prefácio 9

Introdução 11

1. História da humanidade x vendas 15

2. Revolução 35

3. E você, gestor ou profissional de vendas, o que fará da sua carreira? 41

4. Mudar para vencer e mudar para vender 55

5. O que são vendas? 75

6. A gestão de vendas: uma visão geral 85

7. Por que as empresas existem? 99

- 8. A gestão de vendas ... 113
- 9. O planejamento ... 173
- 10. A gestão SMART 179
- 11. A criação de valor ... 187
- 12. O cotidiano da gestão de vendas: casos reais 199
- 13. As 8 leis Fundamentais do Sucesso 237
- Conclusão 255
- Pósfácio 257
- Anexo 261

Prefácio
Vendedor em constante transformação

Quando assumi a superintendência do Magazine Luiza, no início da década de 1990, percebi que o profissional da área de vendas não gostava de ser chamado de vendedor porque essa palavra trazia uma série de preconceitos. Sobretudo o de que vendedor não era intelectual, era alguém que oferecia ao outro algo de que não precisava... Nós quisemos fazer as pessoas mudarem esse pensamento, porque, sem a venda, nada acontece, seja qual for o segmento da empresa.

Para isso, criamos um programa interno para incentivar a valorização e conscientização do trabalho do vendedor. Logo de início, substituímos os tradicionais cartões de visitas de toda a equipe, independentemente do cargo, e colocamos os seguintes dizeres: "Vendedor(a). Tenho muito orgulho de ser vendedor(a)". Eu queria que as pessoas sonhassem em se tornar um(a) também. Assim, resgatamos o valor e o verdadeiro significado de vender.

Vender é entregar soluções, experiências e ideias que podem nos levar mais longe. O que impulsiona e faz qualquer empresa crescer é a venda.

Da época em que assumi a superintendência do Magazine Luiza até os dias atuais muita coisa mudou. Mas nós, gestores, temos sempre que estar atentos ao que acontece na ponta. Precisamos estar constantemente em contato e com uma linha direta e aberta com o time de vendedores. Não basta apenas passar metas e cobrar, é preciso liderar com base nos propósitos da empresa.

Nesta obra, *Gestão de vendas 5.0*, Claudio Tomanini resgata os ciclos, as mudanças e as transformações que aconteceram nessa profissão; apresenta estratégias para os gestores, a fim de alertar e qualificar os vendedores para as novas realidades; e aborda, também, o trabalho em equipe, com uma série de *cases* para reflexão.

Em um cenário de exponencial avanço tecnológico e digital, discutir sobre a transformação do papel do vendedor é fundamental para acompanharmos a velocidade dessas mudanças e não ficarmos ultrapassados.

LUIZA HELENA TRAJANO
Presidente do Conselho do Magazine
Luiza e do Grupo Mulheres do Brasil

Introdução

Previsões da Singularity University até 2038 dizem que, em 2022, robôs conversariam naturalmente e atuariam como recepcionistas, assistentes de lojas e escritórios. Isso está diretamente relacionado ao nosso negócio: vendas, contato com clientes, relacionamento. Para 2024, a Singularity diz que lidar com Inteligência Artificial aumentada será um requisito para a maioria dos empregos. Em 2026, a agricultura vertical se tornará vital para a produção de alimentos na maioria das grandes megacidades.

Falar sobre tendências e previsibilidade não é tarefa fácil, tampouco matemática. Requer uma boa dose de realidade, sobre a qual toda e qualquer previsão deverá ser apoiada. Haja vista o cinema e a literatura de ficção sempre tomarem como ponto de partida algum avanço nas áreas de tecnologia e, sobre isso, projetarem cenários futurísticos.

Em 1983, a Agência Japonesa de Ciência e Tecnologia solicitou a opinião de mais de 2 mil cientistas do mundo todo, prevendo o que aconteceria entre 2000 e 2011. Disseram que o homem teria mais tempo para si mesmo, investindo parte dele com a própria família; enfim, desfrutando do lazer com os seus. Inclusive, as previsões diziam que o homem trabalharia menos horas por dia. Quando os *personal computers* (computadores pessoais, os PCs) começaram a se popularizar no Brasil, também diziam isso. Trabalharíamos menos para ficar mais tempo com nossas famílias.

Erraram quanto ao período em que isso aconteceria, porém acertaram ao dizer que as mudanças seriam cada vez mais rápidas e que as pessoas teriam dificuldades de se adaptar a elas. Eu fui a seminários de tecnologia em que palestrantes diziam, entusiasmados, que em vinte anos (por volta do ano 2020) não haveria mais a necessidade de vendedores e que tudo se resolveria com um clique no mouse. Estou certo de que hoje há um percentual razoável de situações como essa, mas isso jamais será definitivo.

Havia, porém, um contraponto. Em 1995, Domenico De Masi, sociólogo italiano, lançou o livro *O ócio criativo*[1]. Muita gente comentou sobre essa obra, mas acredito firmemente que poucos tenham lido, grifado e interpretado cada parágrafo e compreendido cada capítulo do que De Masi descrevia.

Nesse livro, o autor afirma que o ócio criativo surge combinando harmoniosamente trabalho, estudo e lazer, e que o mundo estava caminhando na direção de uma sociedade fundamentada não mais no trabalho, e sim no tempo livre, valorizando o cérebro e a criatividade. Para De Masi, as máquinas trabalhariam num ritmo sempre mais acelerado, mas, em contrapartida, os seres humanos teriam cada vez mais tempo para refletir e para criar.

Atualmente, quando nos referimos às máquinas, somos levados a um patamar mais elevado, o da Inteligência Artificial (IA), a qual passou a desempenhar papel de facilitadora, devido à sua capacidade de coletar informações e gerar *insights* para podermos usar com plenitude o melhor da nossa inteligência humana (e, em alguns casos, decidindo por nós). A inteligência humana, aliada à artificial, pode sentir-se mais "livre" para analisar, pensar, ousar, planejar, realizar de maneira eficiente e mais assertiva as suas capacidades e, como um *sniper*[2], acertar não somente o alvo, mas a mosca, com a precisão necessária, pensada e planejada.

---

[1] DE MASI, Domenico. *O ócio criativo*. Rio de Janeiro. Sextante, 2000.

[2] Atirador especial ou franco-atirador é um soldado de uma força de segurança especializado em armas e tiro de precisão. Persegue e elimina inimigos selecionados com um único tiro.

De acordo com o livro De Masi, no mundo globalizado em que vivemos, sentimos impulsos para conhecer a totalidade dos processos, e queremos colonizar espaços e pessoas com os nossos produtos e ideias. Porém, esses impulsos produzem reações de esquizofrenia, com a euforia pela sensação de que podemos estar em toda parte com o auxílio das novas tecnologias.

Ao mesmo tempo, nos sentimos fragilizados, o que nos impulsiona a buscar segurança nas próprias raízes da natureza humana e no próprio ambiente. "O ócio que enriquece é o que é alimentado por estímulos ideativos e pela interdisciplinaridade", diz De Masi.

Eu poderia falar aqui e projetar sobre as tendências para os próximos quinze, vinte ou trinta anos, mas o objetivo do livro não é esse. A despeito disso, gostaria que você entendesse que, independentemente da mudança que ocorreu e que acontecerá, *sempre* (e sem medo em ser absoluto!) haverá empresas e pessoas precisando comprar. E para isso acontecer satisfatoriamente será necessário que do outro lado tenha *alguém* querendo escutar, compreender, entender as reais necessidades do cliente. Quando isso acontece, se dá o atendimento e a venda.

Não penso mais na venda como aquela transação única e passageira, mas na relação continuada. O trabalho que a máquina nunca poderá tirar do homem é aquele que envolve a natureza cognitiva (pensamento, linguagem, percepção, memória afetiva, raciocínio, criatividade), que faz parte do desenvolvimento intelectual – os processos mentais (e não tecnológicos) que influenciam o comportamento de cada indivíduo. Portanto, quando tudo parecer igual, tecnológico, robotizado e uniforme, seremos nós, "gente" de verdade, que faremos a diferença. E essa "gente" tem nome e profissão: *Sr(a). Profissional de Vendas.*

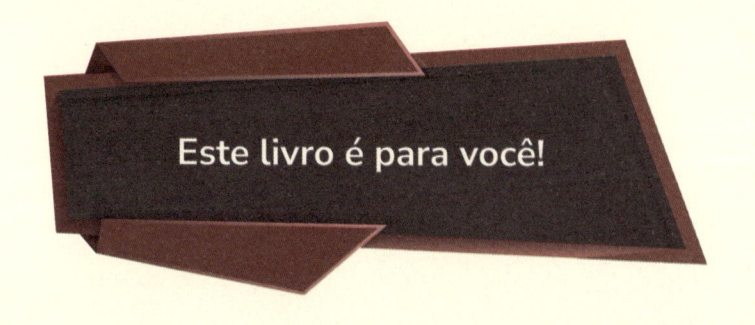

Este livro é para você!

> Por que continuar sendo a mesma pessoa de sempre, se você pode ser alguém muito melhor?
> *Richard Bandler*

1.
História da humanidade x vendas

Considere o seguinte: não há a menor novidade no fato de os veículos – carro, ônibus ou caminhão – terem o para-brisa grande e largo. Essa peça automotiva foi assim concebida para proporcionar ao motorista uma visão ampla do que há pela frente. Além disso, ele tem à disposição três retrovisores: um no centro do para-brisa e dois nas laterais do veículo. Mesmo dirigindo para a frente, todo motorista deve saber o que vem atrás, ou o que deixou para trás, a fim de reunir informações sobre a sua posição na viagem, na trajetória, para o caso de precisar fazer uma manobra para a direita, para a esquerda ou seguir em frente.

Eu uso essa metáfora para a nossa experiência de vida, especialmente para o nosso tema principal, que é o mundo das vendas e a vida do profissional que escolheu essa atividade como o seu negócio principal, o seu *métier*, a sua especialidade.

Eu gosto um pouco de história e sei da importância de nos situarmos no tempo e no espaço para entender melhor o mundo no qual vivemos. Então, vou fazer uma breve regressão no tempo para fornecer a você, leitor, uma percepção mais sólida e aprofundada em relação ao ponto em que nós estamos na linha do tempo, na evolução da nossa profissão e, sobretudo, para que você possa se situar em toda essa maravilhosa história da humanidade, na qual está inserida a nossa atividade, a apaixonante arte – e também ciência – de vender. Isso mesmo, se as vendas sempre foram consideradas uma arte, hoje podemos tratá-las também como ciência. Assim, traçarei um esboço da história falando das Revoluções Industriais pelas quais a humanidade passou e passa, e como elas interferiram naquilo que fazemos.

Tentarei ser breve e prático, porque sei que alguns leitores podem não gostar dessa matéria. Acredite em mim!

A Primeira Revolução Industrial

A Primeira Revolução Industrial teve início na Inglaterra, por volta de 1760, e durou até cerca de 1850, portanto, aproximadamente cem anos. Como toda revolução, ela teve o seu contexto próprio, sendo motivada por diversos fatores – sociais, políticos, econômicos e até ideológicos e científicos – da época. Por se tratar de uma "revolução", ela necessariamente mudou conceitos, quebrou paradigmas, alterou comportamentos e práticas. Interessa-nos, para o que fazemos em vendas, saber que foi a Revolução Industrial que mexeu nos hábitos de consumo, que passou a ser chamado de consumo em massa, fruto da nova produção, então chamada de produção em massa.

Entre as principais características da Primeira Revolução, podemos apontar o surgimento da indústria (ainda insipiente em relação à de hoje), a substituição da manufatura (dos artesãos do período feudal) pela maquinofatura (dando origem aos especialistas da linha de produção), o surgimento do trabalho assalariado e, consequentemente, da divisão do trabalho, e as grandes invenções, como, por exemplo, a máquina de fiar, o tear mecânico, a máquina a vapor, o balão de ar quente, a locomotiva, o telégrafo (que revolucionou a comunicação), o revólver, a nitroglicerina, entre outras. Durante esse período também foi desenvolvida a primeira vacina (contra a varíola, em 1840). Enfim, foram inúmeras as inovações ao longo desses anos.

Com a implementação da indústria, facilitada pela aplicação da maquinaria a vapor, a Inglaterra se tornou a maior potência mundial em termos de produção, tendo desenvolvido a reboque a sua economia, com a cidade de Londres se tornando a primeira capital financeira internacional. Isso acarretou mudanças na geografia social e na ocupação da população em novas áreas, novos territórios e centros urbanos. Essa alteração acabou envolvendo outros campos, como infraestrutura, arquitetura, transportes, habitação, comércio de varejo, educação, entre outros.

As invenções avançaram em diversas direções, não somente na indústria. Em 1816, o médico francês René Laennec criou o primeiro estetoscópio utilizando um longo tubo de papel laminado que canalizava o som do tórax do paciente, levando-o até o ouvido do médico. Uma invenção precursora na Medicina que envolveu diretamente o bem-estar humano.

Em 1831, George P. Camman, de Nova York, inovou o equipamento ao desenvolver o primeiro estetoscópio biauricular, adotando um fone de ouvido para cada orelha. O aparelho, ao cair nas graças dos médicos, seria usado durante mais de cem anos, com algumas modificações feitas em anos recentes. Veja como a adição de um fone a um aparelho já existente consolidou uma inovação significativa e difícil de ser superada.

E em seu negócio, em seu ramo de atividade, o que é possível mudar com ajustes simples para, substancialmente, aprimorar os processos e tornar mais eficaz o seu produto?

A Segunda Revolução Industrial

A Segunda Revolução Industrial durou, também, cerca de cem anos, de 1850 a 1950. Obviamente, observando as grandes mudanças ocorridas em nossos dias, teve lugar após a consolidação das expressivas inovações da Primeira Revolução; uma ocorreu sobre os fundamentos da outra, como num processo. Guarde esta palavra: processo!

Entre as principais características da Segunda Revolução, destaca-se o fato de que o mundo todo passou a consumir produtos industrializados.

Diante de uma grande demanda, os bens de consumo foram barateados, beneficiando, assim, a fatia menos favorecida da sociedade.

Nessa nova fase, novas fontes de energia foram melhor aproveitadas; por exemplo, o petróleo passou a ser usado no motor a combustão e substituiu muitas máquinas movidas a carvão e a vapor. Com o desenvolvimento das usinas hidrelétricas, a água também passou a ser mais aproveitada.

A automação fabril acarretou a reorganização do processo produtivo (com os métodos chamados taylorismo[3] e fordismo[4]). O motor a combustão e o motor elétrico (1940) serviram a inúmeras finalidades, incluindo os meios de transporte, como o automóvel, o navio feito de aço e o avião, facilitando o acesso a uma parcela maior da sociedade. Ou seja, foi democratizado aquilo que antes era privilégio apenas da elite, algo que o capitalismo é capaz de fazer.

Todas as invenções, em todas as suas diversidades – da lâmpada incandescente ao plástico, do telefone à televisão, ao cinema e ao rádio, do microscópio aos antibióticos e às vacinas em larga escala, como também a metralhadora, a dinamite e até a bomba nuclear – todas elas se somaram para mudar drasticamente a vida das pessoas nas mais diferentes áreas da atividade humana.

Como efeito colateral da modernidade trazida pela Segunda Revolução Industrial, as nações envolvidas na Primeira e na Segunda Guerras Mundiais valeram-se da capacidade produtiva; infelizmente, temos essa mancha em nossa história. Mas, observando mais atentamente, até mesmo esses eventos negativos serviram para uma coisa boa, pois, se por um lado temos a perda de

---

3 O taylorismo consiste em um sistema de organização industrial desenvolvido por Frederick Taylor, economista e engenheiro mecânico estadunidense. O principal objetivo era otimizar as tarefas desempenhadas nas empresas, por meio da organização e da divisão de funções dos trabalhadores.

4 O fordismo surgiu com o objetivo de sistematizar a produção em massa. Criado em janeiro de 1914, pelo norte-americano Henry Ford, esse sistema foi um marco no mercado automobilístico da época, uma vez que reduziu o tempo de produção e o custo dos veículos.

tantas vidas inocentes provocada pela guerra – o que sempre é lamentável –, por outro, a Medicina se desenvolveu, sobretudo, diante das adversidades, proporcionando benefícios a milhares de outras vidas que puderam ser salvas a partir dos avanços conquistados em guerras e pandemias.

No período da nova Revolução, os Estados Unidos (não mais a Inglaterra) se tornaram a maior potência econômica global, inovando e produzindo bens e produtos em uma escala que influenciou não somente a cultura do próprio país, como também a de muitos outros, aumentando o consumo de sua produção em uma escala mundial.

Com os desdobramentos da Revolução Industrial, uma nova classe de profissionais surgiu: os vendedores. Da ascensão da produção, veio a necessidade de incrementar as relações entre produtores e compradores.

Assim, aos possíveis compradores, eram fornecidas informações sobre os produtos e a motivação para a ampliação da demanda, de modo que os reais benefícios trazidos por muitos dos produtos então comercializados pudessem ser conhecidos pelas massas.

Em contrapartida, muitos vendedores, usaram (e ainda usam) a persuasão para vender sonhos, iludindo e enganando seus clientes com promessas e miragens que não se concretizam com a aquisição feita.

Em 1908, foi criado por John Patterson o modelo *Pyramid Selling* (Pirâmide de Vendas). Patterson ficou conhecido por tornar o ato de vender uma profissão reconhecida. Criou um intrincado sistema de gerenciamento do processo comercial para monitorar e treinar os vendedores das empresas. Ele deu aos homens de campo – os vendedores – roteiros para que fossem memorizados e reproduzidos nas entrevistas feitas com compradores (seus clientes) e dividiu suas áreas de atuação em territórios ou regiões para serem cobertas, em visita aos possíveis clientes. Patterson realizou convenções e concursos temáticos de vendas e pressionou os vendedores para que estes livrassem suas regiões da competição externa.

Entre 1924 e 1950, aproximadamente, aconteceu uma espécie de segunda fase da mesma Revolução Industrial, ou uma revolução paralela, com forte ênfase em vendas. Durante o período, podem ser destacadas as seguintes características:

- **1924** – A IBM tornou-se pioneira na área de tecnologia. A empresa começou a dar treinamento para vendedores, levando-os a aplicar perguntas abertas e fechadas durante as visitas de vendas, impondo um roteiro discursivo que impedia que o cliente se esquivasse do fechamento da compra. A IBM também criou comissões diferenciadas e contratou os profissionais mais promissores assim que estes saíam de cursos e/ou faculdades, criando a figura de vendedor com perfil técnico.
- **1929** – Depois da Grande Depressão[5], o *crash* da Bolsa de Valores dos Estados Unidos, muitos se tornaram vendedores porta a porta, utilizando a emoção para realizar vendas e suprir o desemprego do qual foram vítimas durante o período. Esses vendedores pensavam que, uma vez que não possuíam treinamento formal ou habilidade pessoal inata para vender, deveriam *apelar* para o recurso da emoção; isso acabou influenciando muitos nessa área até os dias de hoje, e esse tipo de venda ficou conhecido como *mood selling* (em tradução literal, "humor" ou "simpatia" em vendas).
- **1935** – O rádio passou a ser usado como importante ferramenta de divulgação para vendas em massa, fortalecendo a marca das empresas junto a um público mais amplo e numeroso.
- **1936** – Foi lançado o livro *Como fazer amigos e influenciar pessoas*, de Dale Carnegie, um *best-seller* no segmento.
- **1950** – A TV começou a ser usada gradativamente e depois intensamente para as vendas em massa.

---

5 A Grande Depressão, também conhecida como Crise de 1929, foi a maior crise financeira da história dos Estados Unidos, que teve início em 1929 e persistiu ao longo da década de 1930, terminando apenas com a Segunda Guerra Mundial.

Muitas mudanças aconteceram em um período relativamente curto, se considerarmos a história da civilização como um todo. Mas isso era só o começo da história e, para falar a verdade, o fim ainda está bem longe de chegar!

A Terceira Revolução Industrial

A etapa seguinte da revolução aconteceu entre os anos 1950 e 2005, e durou aproximadamente 55 anos. A tecnologia envolvida nessa revolução avançou exponencialmente, como muitos de nós puderam testemunhar, e trouxe expressivo avanço nas áreas da robótica, da informática, das telecomunicações e da eletrônica em geral. À semelhança das revoluções anteriores, com o advento das indústrias de alta tecnologia houve maior diminuição dos custos e o acentuado aumento da produção. Nessa nova fase, foi necessário qualificar melhor a mão de obra, a fim de liderar as etapas de produção, comercialização e gestão das empresas.

As relações de trabalho passaram por transformações e as leis trabalhistas de proteção e benefícios foram introduzidas, proporcionando empoderamento ao trabalhador. Podemos destacar, também, o fato de que a invenção e a popularização dos computadores pessoais e da internet, como conhecemos hoje (ainda que a primeira etapa tivesse ocorrido em uma ou duas gerações anteriores à nossa), mudaram radicalmente o comportamento social. De carona com as invenções tecnológicas surgiram os pagers, os aparelhos celulares e depois os smartphones. Com o desenvolvimento dos dispositivos de armazenamento de dados – por exemplo, disquetes, CDs, DVDs, Blu-rays, pen drives e armazenamento na nuvem –, mais do que nunca, pudemos reunir mais informações ao alcance das mãos.

No mesmo nível de tecnologia, desenvolveram-se e popularizaram-se os televisores de tela plana, de plasma, de LED e a smart TV, incrementando o setor do entretenimento. Também aconteceu o advento e a massificação das redes sociais e dos chats, radicalizando definitivamente as relações pessoais e afetando positivamente a nossa profissão no tocante ao relacionamento com o cliente. Quem nunca enviou uma mensagem de WhatsApp ou foi atendido por um chat no site da sua loja de preferência?

Na área da saúde, surgiram os estudos do DNA, o transplante de órgãos, o desenvolvimento de próteses mecânicas e da robótica e a vacinação em massa. Nos anos 1960, o dr. David Littmann, professor da Escola de Medicina de Harvard, distinto cardiologista e reconhecido como autoridade internacional em eletrocardiografia, patenteou um novo estetoscópio revolucionário com melhor desempenho acústico, aperfeiçoando ainda mais o diagnóstico preliminar dos pacientes.

Nesse período, veio a utilização da energia atômica, a conquista espacial (a chegada do homem à Lua, os satélites, os telescópios robôs, a estação espacial e a chegada de um veículo de exploração espacial não tripulado em Marte). Houve nova mudança no centro gravitacional do poder: a China tornou-se uma potência global e passou a ameaçar a soberania dos Estados Unidos, isso até os nossos dias.

Com mudanças tão radicais e alterações na exploração dos recursos naturais (até mesmo predatória), veio a tomada de consciência sustentável em nível global. Empresas, ativistas e ONGs se engajaram em campanhas locais, nacionais e internacionais de conscientização.

Diante disso, surgiram novas adaptações e avanços no modo como as vendas e as relações comerciais se desenvolveram:

- **1954** – O modelo AIDA (sigla para Atenção, Interesse, Desejo e Ação) começou a ser usado como metodologia de vendas, visando melhorar a aproximação entre as partes interessadas (comprador e vendedor), bem como o melhor entrosamento e o entendimento das reais necessidades do cliente.
- **1988** – O SPIN Selling[6] foi proposto por Neil Rackham, que desenvolveu o conceito de vendas consultivas. Seu conceito estava

---

6 SPIN Selling é uma metodologia de venda baseada em quatro tipos de pergunta: Situação, Problema, Implicação e Necessidade. É uma das principais abordagens

certíssimo ao ensinar aos vendedores competências fundamentais de comunicação, bastante úteis ao contribuir para a tomada de decisões em uma compra mais bem informada por parte dos clientes. Ele direciona os vendedores sobre as perguntas que devem ser feitas ao longo do processo de vendas para aumentar as taxas de conversão: perguntas de situação; de problemas; de implicação; e de necessidade de solução.

Aliás, o livro de Rackham é leitura indispensável para quem está começando a navegar no universo das vendas. Vejo-o como alicerce para compreender os conceitos de vendas consultivas.

- **1992** – Neal Stephenson descreveu em seu romance *Snow Crash*, uma espécie de espaço virtual coletivo, compatível e convergente com a realidade. Nasceu assim o metaverso, um universo virtual, onde pessoas interagem por meio de avatares digitais.
- **1993** – Mike Bosworth lançou o livro *Customer Centric Selling*[7], orientando os vendedores a se aproximarem de seus *prospects* para ajudá-los em suas necessidades, antes da tentativa da venda propriamente dita. O olhar ou a nova postura do vendedor em relação aos *prospects* passou a ser de cooperação na solução de problemas, mais do que uma relação ganha-ganha.
- **2000** – A ascensão das empresas pontocom (.com) e as vendas pela internet colocaram em questão o papel do vendedor, uma vez que as empresas passaram a realizar suas vendas mediadas por

---

utilizadas na negociação de produtos complexos (de alto valor agregado), e por isso ganha destaque no mercado B2B, embora também entregue resultados nas vendas B2C. Veja mais em: RACKMAN, Neil. *Alcançando excelência em vendas:* SPIN Selling. São Paulo. M. Books, 2008.

7   BOSWORTH, Michael; HOLLAND, John; VISGATIS, Frank. *Customer Centric Selling*. Nova York. McGraw-Hill, 2010.

formulários e, posteriormente, o perfil do cliente passou a ser traçado por algoritmos, como é realizado hoje em larga escala pelo pessoal de tecnologia da informação (TI).
- **2005** – Brian Halligan, CEO da HubSpot, criou a expressão *inbound marketing*[8], e em seguida houve a explosão dessa concepção de marketing que preconiza atrair, converter e encantar clientes. Em decorrência disso, a metrificação de todos os processos de marketing se tornou a medida correta a ser adotada pelas empresas de ponta.

A esta altura, você já pode ter percebido ao menos duas coisas. A primeira, o modo intenso e profundo como as revoluções mudaram a vida e o comportamento humano e até as relações sociais; obviamente, não seriam chamadas "revoluções" se não fizessem isso. A segunda coisa é que foi preciso alterar a maneira como as ações de vendas devem ser realizadas. Elas precisaram ser ajustadas e tiveram que evoluir para acompanhar as novas tecnologias. Mesmo assim, em muitas empresas, as vendas e sua gestão se baseiam em modelos antigos de técnicas de negociação. E a nossa ideia não é desprezar nem descartar tudo o que se descobriu sobre vendas, e sim desconsiderar os pontos negativos e reaproveitar o que é realmente é bom.

Hoje, no entanto, dispomos de ferramentas sofisticadas para lidar com o gerenciamento dos negócios e precisamos extrair delas o potencial máximo, bem como o potencial máximo da capacidade humana, aliando-as para alcançar os resultados pretendidos. Isso é o que iremos abordar na próxima fase dessa jornada incrível da evolução humana conhecida como a Quarta Revolução Industrial.

---

8 *Inbound marketing* é uma estratégia que se baseia na criação e no compartilhamento de conteúdo. O termo pode ser traduzido como "marketing de entrada" e foi cunhado nos Estados Unidos. A principal característica que torna essa estratégia tão eficiente é a rejeição de táticas interruptivas de marketing e o foco na criação de um relacionamento com o cliente em potencial. Ou seja, em vez de exibir anúncios, o *inbound marketing* prefere oferecer informações. Isso abre espaço para o diálogo entre as empresas e seu público-alvo. Dessa forma, o consumidor vem até você, e não o contrário.

A Quarta Revolução Industrial

Segundo um consenso entre pesquisadores do assunto, essa revolução iniciou-se, aproximadamente, em 2005 e segue em franco desenvolvimento até os dias de hoje, somando mais de quinze anos desde o seu início.

Em linhas gerais, as principais características dessa fase são a Indústria 4.0 (fábricas inteligentes e interconectadas que funcionam sem a intervenção humana) e o avanço na Inteligência Artificial (IA), levando algoritmos a fazer o trabalho de advogados, a dar diagnósticos médicos (além de possibilitar atendimento remoto por meio de programas específicos e da internet, tal qual a telemedicina), a tomar decisões financeiras e a planejar e aplicar *kaizens*[9] em fábricas. Surgiram, também, os assistentes pessoais, os *chatbots*[10], a personalização de conteúdo e os robôs domésticos. Em 2020, a IA começou a criar softwares autonomamente.

Nessa fase, foram desenvolvidos e popularizados os drones, e surgiram no mercado os drones de carga e os tripulados.

---

9 *Kaizen* é uma referência à filosofia ou à prática que orienta a melhoria contínua nos processos produtivos, independentemente de sua extensão. Um caso bastante conhecido de *kaizen* é o da Toyota (filosofia que ajuda a garantir a máxima qualidade, eliminação de desperdícios e melhorias na eficiência, tanto em termos de equipamentos como de procedimentos de trabalho). Outras áreas também utilizam o conceito, como a de engenharia e a de gestão de negócios em diferentes setores (por exemplo, o de saúde, incluindo a psicoterapia, *life-coaching*, governamental, bancário etc.).

10 *Chatbot*: programa de computador que tenta simular um ser humano na conversação com as pessoas. O objetivo é responder às perguntas de tal forma que as pessoas tenham a impressão de estar conversando com outra pessoa, e não com um programa de computador.

Iniciou-se, então, a chamada disrupção[11], primeiro na indústria audiovisual (Netflix, Amazon Prime Video, Globoplay, Disney+ etc.); depois da música (Spotify, Deezer, Apple Music, Google Music etc.); no setor hoteleiro e de locação e venda de imóveis (Airbnb, Booking.com, QuintoAndar etc.); e, mais recentemente, no setor de serviços de transportes (Uber, 99, BlaBlaCar, Cabify, entre outros).

Com a explosão da tecnologia digital vieram novos avanços em questões já bastante desenvolvidas, como o veículo autônomo, a impressora 3D, a Internet das Coisas (IoT), Blockchain (criptomoedas). No mercado de trabalho, foram necessárias mudanças nas relações entre empresas e clientes (o chamado "empoderamento digital").

Houve ainda avanços na exploração de outros mundos, com a retomada da chamada corrida espacial, agora com participação de empresas privadas, associadas ao Governo (por exemplo, a Virgin, do bilionário britânico Richard Branson, e a Tesla Motors, de Elon Musk), com o objetivo de explorar o espaço com fins turísticos e corporativos, não mais exclusivamente para uso militar e governamental. Próximo disso, vimos avanços na física quântica, o que pode mudar a concepção tradicional das leis da física como conhecemos hoje, expressa na famosa fórmula de Einstein, $E=MC^2$.

Com a Quarta Revolução Industrial, as empresas precisaram adequar-se mais uma vez na tentativa de acompanhar os avanços que a tecnologia impõe aos diferentes setores, e essas readaptações têm sido constantes e inevitáveis. No entanto, as relações humanas, é bom que se diga, permaneceram as mesmas e precisam ser cultivadas e mantidas por seres humanos, mais do que pela mediação de robôs. Foram alteradas as necessidades e a percepção de como atender melhor o cliente, exigindo, por sua vez, a profissionalização das equipes de vendas.

---

11 Disrupção: quebra ou descontinuação de um processo já estabelecido. Diz-se que algo é disruptivo quando interrompe, suspende ou se afasta do funcionamento normal. Assim, o adjetivo pode ser utilizado para qualificar um defeito, um comportamento, uma ideia etc.

Em 2012, por exemplo, a IBM lançou a estratégia de *social selling*[12], que se mostrou um sucesso e abriu o caminho para outras empresas aplicarem a técnica. Na mesma época surgiram os *sales hackers*[13], unindo vendas e tecnologia, especialmente no mercado de SaaS – *Software as a Service* (Software como um Serviço, em tradução livre), Salesforce, Pipedrive, entre outros.

Também acompanhamos o crescimento das ferramentas de análise voltadas para o setor de vendas (Pipeline, Jornada do Cliente, NPS[14], Formulação de Políticas Comerciais, Custo de Aquisição do Cliente – CAC, e o Customer Lifetime Value – LTV)[15]. Os "processos", antes largamente utilizados em departamentos como engenharia e produção, passaram a ser linguagem corrente também no setor de vendas. E então veio mais uma revolução.

---

12   *Social selling* é o uso das redes sociais (Google, SlideShare, Linkedin etc.) para alcançar e aproximar clientes, incrementando as ações de vendas. Ele embute conceitos anteriores de construção de relacionamentos, fornecimento de informações e solução de problemas, para que a venda se torne um desdobramento natural, e não uma interrupção.

13   *Sales hackers* é um conjunto de técnicas e táticas que simplificam o processo de vendas, tornando-o mais eficiente, melhorando as conversões de vendas, gerando mais oportunidades de negócio e elevando o nível da gestão de vendas. O termo foi cunhado por Max Altschuler e publicado em seu livro *Hacking Sales:* The Playbook for Building a High-Velocity Sales Machine (ALTSCHULER, Max. *Hacking Sales*: The Playbook for Building a High-Velocity Sales Machine. Nova Jersey. Wiley, 2016).

14   *Net Promoter Score*, ou NPS, é uma métrica desenvolvida para medir o grau de satisfação e a lealdade de clientes com sua empresa ou marca. O NPS é utilizado pelas maiores empresas do mundo como um indicador de satisfação de seus clientes.

15   Custo de Aquisição do Cliente (CAC) representa quantos reais cada cliente custa para chegar até a base. *Customer Lifetime Value* (LTV) significa o quanto o cliente deixará de dinheiro até sair da base. Para prosperar, a empresa precisa de um baixo custo de aquisição de clientes e um alto LTV, ou seja, que os clientes fiquem por bastante tempo e continuem pagando.

A Quinta Revolução Industrial

É chegada, então, a nossa vez de promover uma nova mudança: a Quinta Revolução Industrial. Não que queiramos nos equiparar aos grandes nomes e eventos do passado que entraram para a história. Mas queremos – e precisamos – deixar um legado para as futuras gerações, e para isso precisamos não apenas agir como coadjuvantes nos processos de vendas, mas também mergulhar no nosso negócio, vestindo a camisa, entendendo-o profundamente, bem como as suas próprias dinâmicas e demandas.

Diferentemente das revoluções anteriores, em que os ciclos de mudanças foram se tornando cada vez menores, a Quinta Revolução Industrial não se baseia nos meios de produção nem nos processos, mas em uma nova sociedade centrada no homem. Ela procura equilibrar avanços econômicos e sociais em um sistema que integra ciberespaço e espaço físico, absorvendo elementos como *smart homes* (casas inteligentes integradas que funcionam digital e remotamente), tecnologias vestíveis (vestuário com acessibilidade, peças de roupa que proporcionam informações biométricas etc.), mobilidade autônoma, assistentes digitais, energia inteligente e muitos outros recursos utilizados para melhorar o nosso desempenho profissional. E estou considerando que a capacidade humana não está descartada dessa integração; ao contrário, penso que ela deverá ser utilizada em sua máxima capacidade, aliada aos dispositivos tecnológicos. Mais adiante, falarei mais sobre isso e sobre como espero que aconteça.

A geração que está experimentando e realizando a Quinta Revolução ou Revolução 5.0 concilia pilares considerados fundamentais: infraestrutura, tecnologia financeira, saúde, logística e IA. O objetivo dos arquitetos dessa revolução é desenvolver uma sociedade centrada no ser humano. Na visão deles, as tecnologias e as inovações disponíveis precisam ser aproveitadas no avanço e no desenvolvimento dos seres humanos, e não para substituí-los ou descartá-los, como se pensava em seu surgimento.

Há muitos exemplos de que felizmente isso está acontecendo. Basta observar como o aprendizado e a qualificação se realizam não somente nas diferentes carreiras, mas também no acesso e na disponibilização da própria informação dada para a criança desde a educação básica e fundamental, acompanhando-a até a idade adulta.

Se no passado o aprendizado era mais linear, atualmente ele acontece de maneira exponencial. Não é necessário, por exemplo, comprar um livro caro e extenso para saber quanto mede, em largura e comprimento, o rio Amazonas; afinal, não faltam informações no Google e na internet de modo geral. Qualquer criança pode ter acesso a dados como esse e muitos outros utilizando apenas um aparelhinho de alguns gramas de peso para saber muito mais do que qualquer um no passado – além de ter fácil acesso a vídeos, imagens 3D, visitas remotas e muito mais. É realmente uma revolução!

Se tudo está mudando ao nosso redor, fica claro que, nós, teóricos e profissionais de vendas, precisamos desenvolver urgentemente o novo *mindset* (mentalidade) de vendas, ou seja, é inadmissível nos mantermos no passado enquanto o mundo inteiro passa por grandes revoluções e transformações.

E por onde começaremos a mudança? Que pontos, processos e *mindsets* devemos mudar em nossa realidade profissional?

Defendo que em nosso tempo, na Quinta Revolução Industrial, precisamos nos concentrar em um novo e duplo conceito de vendas chamado *high tech* e *high touch*. Temos que agregar estratégias que aliem o humano e o tecnológico para criarmos experiências inesquecíveis para o nosso cliente (B2B) e para o consumidor final (B2C).

Diante desse novo conceito e dessa nova fase, é oportuno extrair o máximo de benefícios das novas tecnologias (por exemplo, acessibilidade, facilidade em obter informações etc.), não para navegar em redes sociais por horas, expor publicamente a própria vida e, consequentemente, se distanciar das pessoas, mas para facilitar o trabalho com vendas, bem como para se aproximar ainda mais das pessoas com as quais negociamos. É isso o que chamamos *high tech*. Quando falamos em *high touch*, por sua vez, pensamos na aproximação que precisamos manter e ampliar com clientes. E é aqui que entra o fator humano nessa nova conceitualização, de modo que possamos extrair o melhor dos dois mundos com o objetivo bastante claro e definido de obter melhores resultados.

Penso que devemos usar recursos como a IA para criar interações digitais que favoreçam o lado humano – o que pode parecer paradoxal – e para humanizar ainda mais as relações presenciais. Não tenha dúvidas de que a conexão humana será um diferencial fundamental para as marcas! As expectativas dos clientes estão mais altas e você estará um passo à frente dos seus concorrentes se compreender as dores do seu cliente, se atender suas necessidades e se ajudá-lo a encontrar a melhor solução para seus problemas.

Anteriormente mencionei o surgimento do estetoscópio. Na Quinta Revolução Industrial, os estetoscópios Littmann se tornaram o "padrão de ouro" pelo qual todos os outros estetoscópios têm como parâmetro. Littmann se tornou a marca que oferece qualidade acústica superior, design inovador e desempenho excepcional.

Assim como há séculos a indústria médica aperfeiçoa a maneira como os médicos ouvem os sinais sonoros emitidos por seus pacientes, nós, profissionais de vendas, precisamos aprender com eles e insistir em melhorar constantemente a nossa "audição" dos sinais que os nossos clientes emitem em relação às suas necessidades. Somente assim, ouvindo-os bem e melhor, poderemos desenvolver os produtos e serviços que eles precisam e oferecer as soluções para seus problemas, necessidades e demandas.

Isso trará os benefícios e resultados positivos esperados por nós e almejados pelas equipes e empresas. Nas próximas páginas vou falar exatamente sobre como chegar a esse ponto.

A partir de uma gestão comercial eficiente é possível buscar oportunidades de crescimento, aumento de margens e produtividade e ganho de competitividade no mercado. Uma boa gestão comercial baseia-se no conhecimento profundo dos indicadores de negócio, das categorias, dos clientes e da relação com parceiros para, assim, ser mais assertivo na negociação e no alcance dos resultados. Parte do sucesso da gestão comercial está em dar visibilidade e centralizar as informações para as tomadas de decisão, tais como:

- Avaliar o modelo comercial atual (estrutura, processos e ferramentas);
- Definir, implantar e automatizar indicadores;
- Desenhar o plano comercial anual com parceiros – Joint Business Plan;
- Implantar rotinas de gestão e governança.

Podemos visualizar melhor no esquema a seguir:

GESTÃO COMERCIAL E NEGOCIAÇÃO

PLANO COMERCIAL

FERRAMENTAS
- Indicadores (vendas, margem, *share*, estoques, perdas)
- Avaliação da base de dados (produtos, fornecedores, clientes)
- Construção de *dashboard*

PROCESSOS E GOVERNANÇA
- Revisão de procedimentos internos
- Estruturação de nova agenda comercial
- Definição de papéis e responsabilidades
- Governança com áreas internas e fornecedores

ACOMPANHAMENTO DA NEGOCIAÇÃO
- Suporte às negociações
- Equalização de resultados
- *Follow up* e replanejamentos

Figura 1 – Gestão Comercial e Negociação

A explosão de novas tecnologias e a utilização crescente dos meios digitais contribuíram com as vendas, uma vez que novos processos e interações aprimoraram esse trabalho, tornando-o mais profissional, dirigido e eficiente. A interação entre os times de marketing e de vendas possibilitou conhecer melhor os clientes, para, depois, planejar e atendê-los com mais assertividade.

Portanto, caro(a) profissional de vendas e gestor de vendas, além do que já conhece, liste todo o processo de vendas e as técnicas que você utiliza e atribua pontos de 0 a 10 a cada etapa, considerando o quando você as aplica em seu planejamento e em sua gestão.

Agora faça o mesmo para o que está descrito a seguir: o quanto conhece, usa e pratica como processo na sua região e na sua gestão.

Vamos lá?

_____
_____
_____
_____
_____
_____
_____

Vendedor do passado

No passado, devido à elevada demanda e baixa concorrência, o setor de vendas atuava com profissionais pouco especializados. O foco era o treinamento básico sobre os produtos e serviços vendidos e o ensino de técnicas de vendas e persuasão. Os vendedores tinham baixo nível de informação, e a atuação era baseada no empirismo, ou seja, tentativa de acerto e erro. Eles preocupavam-se exclusivamente em fechar a cota/meta do mês sem cuidar do *sell-out*. Não havia preocupação com a concorrência direta ou indireta e tampouco havia planejamentos de potencial de consumo, planos estratégicos que projetassem a empresa a curto e médio prazos. A área de marketing, com o desafio de planejar, delinear e integrar, não existia.

Era um mero setor de propaganda, requerendo apenas a criatividade por parte dos seus profissionais.

Gestor do futuro

É a evolução do simples papel de troca. Esse profissional tem conhecimento de mercado, de seus produtos e de seus concorrentes. Utiliza ferramentas estratégicas de gestão para análises. Avalia cada cliente e entende o potencial de compra ao longo do tempo e faz um trabalho de personalização de acordo com cada perfil. Além do relacionamento interpessoal, utiliza o relacionamento profissional, buscando soluções para as dores dos clientes. É um bom ouvinte e objetiva vender aquilo que o cliente realmente precisa. É integrado com marketing e conhece as ferramentas para elaboração de estratégias: SWOT, forças competitivas, matriz de oportunidades, *pipeline*, jornada do cliente, NPS (*Net Promoter Score*), entre tantas outras.

O ponto não é trabalhar mais, é trabalhar do modo certo e eficiente. Aqui já vale definir essa evolução do perfil do profissional de vendas e do gestor de vendas; este último é de grande importância, uma vez que contrata, treina, desenvolve e acompanha o time de vendas. Se o gestor não sabe, quem dirá a equipe.

> **Uns sonham com o sucesso, nós acordamos cedo e trabalhamos duro para consegui-lo.**
> *Abilio Diniz*

2.
Revolução

Revolução pode se dar na forma de ver, de entender ou, efetivamente, de mudar, reestruturar, rever, reimaginar. Como nenhuma empresa é igual a outra, o ideal é encontrar o modelo de gestão que mais atenda às necessidades do seu negócio e que gere os resultados desejados. Entre tantos modelos de gestão existentes, o mais importante é você ter uma visão 360°, ou seja, uma visão panorâmica e profunda de toda a empresa e de toda a cadeia de negócios de vendas para, então, desenvolver o seu.

Quando você ouve o termo "revolução", quais as primeiras palavras que lhe vêm à mente? Qual é o sentimento estabelecido quando você escuta esse termo repetidamente? Pois bem, revolução significa estabelecer uma nova ordem, é o sinal de uma transformação profunda e, pelo fato de estarmos vivendo determinado período, podemos interpretar como "modismo", loucura, aceleração desnecessária, incômodo que não nos afetará. Pelo menos por enquanto.

E são nesses momentos de revolução que aparecem os gurus das fórmulas de sucesso, tentando coagir você, dizendo que as mudanças só nos afetarão se quisermos e deixarmos e que só os fortes sobreviverão. Mentira; enquanto estivermos vivos, afeta a todos.

Se você quer navegar nessas mudanças e aproveitar as oportunidades, aí vai a dica: primeiro entenda, depois se posicione e veja como tirar proveito do que está acontecendo.

A própria história das revoluções nos ensina muitas coisas úteis para a prática da administração de gestão de negócios e de vendas. Há muitas lições a serem extraídas desse breve apanhado feito sobre as cinco revoluções industriais que conhecemos.

Temos lições específicas a aprender – e que são o propósito deste livro –, para levar você ao reposicionamento de sua carreira e à compreensão de que os processos de vendas não mudaram no mesmo ritmo ou na mesma intensidade da evolução da humanidade e de muitos dos processos que essa evolução criou e desenvolveu nos últimos séculos.

Por toda parte, vemos pessoas engajadas em obter alta performance em suas atividades, em alcançar sucesso no que fazem, em mudar antigos hábitos e adotar novos mais saudáveis, em adquirir a mentalidade de vencedores e desenvolver práticas diárias que criem um ambiente favorável ao surgimento dessas virtudes todas. Essas são palavras bonitas que as pessoas vivem repetindo. Mas importa compreender como elas se tornarão realidade em nossa vida, se é que queremos mudanças de verdade e resultados mensuráveis. Você não conseguirá obter êxito se acreditar em eventos, treinamentos de motivação baratos, apenas gritando "eu posso, eu consigo" ou abraçando árvores. É preciso provocações, fazer sair do lugar comum, do "sempre foi assim". Para mudar, eu preciso entender, pensar, ousar, estudar, planejar, preparar, fazer e controlar.

> "A sociedade do conhecimento é a primeira sociedade humana em que o crescimento é potencialmente ilimitado. O conhecimento difere de todos os outros meios de produção, uma vez que não pode ser herdado ou concedido. Ele tem de ser adquirido por cada indivíduo e todos começam com a mesma e total ignorância."
> *Peter Drucker*

Se estiver certa, a teoria do escritor americano Jim Rohn diz que nós somos a média das cinco pessoas com quem passamos mais tempo (eu acredito muito mais que somos a média dos dez últimos livros que lemos). Ao sabermos disso, corremos para melhorar o nosso *networking*, envolvendo-nos com pessoas mais produtivas, mais competentes e bem-sucedidas. Essa busca por melhoria e desenvolvimento pessoal também é um processo, tal qual a produção de um bem ou serviço. A nossa construção se dá no dia a dia, ao nos empenharmos em melhorar a nós mesmos. Esse é o fator determinante! E se fazemos isso com as linhas de produção e conosco, em nossa carreira, por que pensar que os processos de vendas não precisam ser melhorados para acompanhar a evolução da nossa própria espécie?

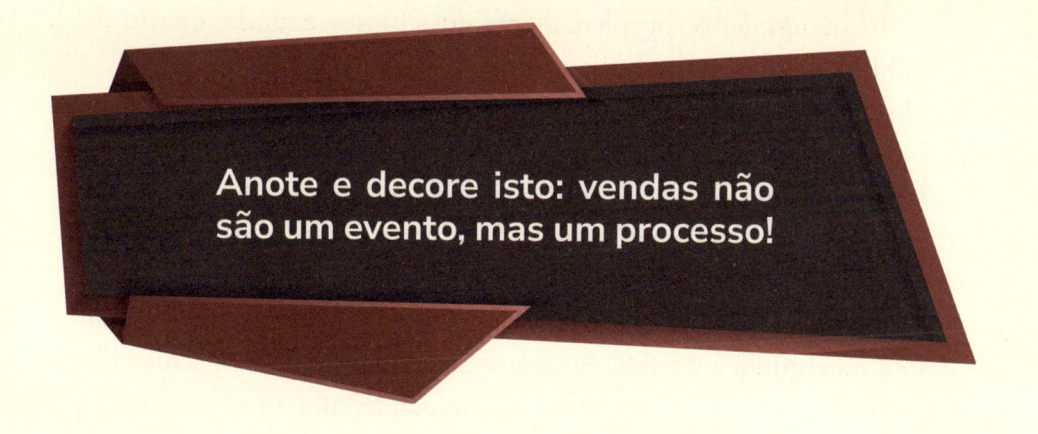

> **Anote e decore isto: vendas não são um evento, mas um processo!**

E isso dá trabalho, não é empírico e requer preparação!

As minhas percepções sobre esse ponto não são previsões ou tendências, são baseadas em fatos. Não é possível coordenar, gerenciar ou dirigir a área de vendas e suas equipes sem a presença de três pilares fundamentais: pessoas, tecnologia e estratégias. Assim acontece também com a decolagem de um avião (tecnologia), em que o piloto e a tripulação (pessoas) e o plano de voo (estratégias) precisam cooperar para a chegada ao destino (objetivos) com segurança (princípios e valores).

Uma vez entendido isso, vemos que vendedores de diferentes segmentos de negócios repetem como "papagaios de pirata" o mantra de que "um vendedor nasce feito", "a pessoa nasce para aquilo" ou então que "o vendedor se faz na rua". Ou seja: a prática diária dá a ele a sua própria formação à medida que repete uma atividade e se aperfeiçoa. Isso é uma mentira! E tolo é quem acredita que as coisas são assim no século XXI, na era da informação digital em massa. Não acredite que a dinâmica de erro e acerto fará de alguém um bom vendedor em um determinado espaço de tempo.

Diferentemente do que a maioria dos profissionais de vendas imagina, vendas e a sua gestão são um conjunto de ações voltadas à evolução comercial de uma empresa. O principal objetivo da gestão de vendas é capacitar, melhorar e aperfeiçoar a condução da força de vendas para que todos os processos relacionados com a área sejam *qualificados*, assim como os *resultados* sejam plenamente atingidos – e ainda, dentro das possibilidades, sejam ultrapassados.

Isso envolve melhorar a compreensão do próprio negócio, produto ou serviço, bem como do perfil do cliente, suas dores e necessidades, a percepção aguda do ambiente ou cenário em que esse cliente está inserido e suas demandas e metas para, a partir daí, qualificar a força de vendas para que ofereça o encaixe[16] adequado dos seus objetivos com as expectativas dos clientes.

Como a sociedade e os processos produtivos estão em constante mudança, a pergunta a ser feita é: como tais mudanças afetam a sua vida? De maneira mais ampla, como essas mudanças afetam as empresas e, com elas, a sua profissão? Sim, precisamos pensar seriamente sobre isso, porque com as revoluções, muitas vagas de emprego e diversas profissões se extinguiram.

Telefonista, datilógrafo, vendedor de enciclopédias, arrumador de pinos de boliche, caçador de ratos, leiteiro, mensageiro/entregador de telegrama, operador de mimeógrafo, ator e atriz de rádio, lanterninha de cinema, leitor

---

16 Expressão usada na análise SWOT, encaixe é quando uma a empresa tem o "remédio" para as "dores do cliente".

de medidores, arquivista. Muitos dos leitores deste livro talvez nunca tenham ouvido falar dessas profissões; eu convivi por um tempo com muitas delas e depois as vi desaparecer.

Hoje muitas profissões estão sob ameaça, por exemplo: operador de caixa, operador de telemarketing, atendentes de modo geral, agentes de viagem, corretores imobiliários, contadores, cobradores, arquitetos, advogados, seguranças, pilotos de guerra e vendedores de loja. E para não provocar uma celeuma ou a negação dos que exercem essas profissões, estou me referindo ao formato antigo, passado, obsoleto sem inovação, sem contextualização com o ambiente, o momento atual que seus clientes estão vivendo. Agora é moda dizer "conhecer as dores do cliente". Faça isso ou ficará de fora e lembre-se de que até os modernos aplicativos (apps) têm substituído gradativamente algumas dessas profissões e muitas outras.

Mas, com as novas tecnologias, nem tudo é apocalíptico no mundo corporativo como às vezes parece. Há demanda de outras profissões e novas atividades, antes inexistentes, têm surgido: gestor de mídias sociais, engenheiro de cibersegurança, especialista em "sucesso do cliente", cientista de dados, engenheiro de dados, especialista em IA, investidor *day trader*, *agile coach*, recrutador especialista em TI, gestor de ecorrelações, bioinformacionista, técnico em telemedicina, especialista em *mobile marketing*, advogado especialista em direito eletrônico, arquiteto usando o metaverso para levar a experiência imersiva aos seus clientes, consultor de soluções integradas e muitos outros que sequer temos conhecimento ainda, uma vez que as *startups* e os laboratórios de tecnologia estão, neste exato momento, trazendo inovações para facilitar a vida das pessoas em alguma área específica e, com isso, mais profissões serão demandadas.

> Sessenta por cento do jogo está ganho quando você está alinhado e priorizado. Os outros 40% são a sensibilidade de capturar oportunidades com os clientes e conseguir resolver um problema complexo no momento da verdade.
>
> *Prof. Eduardo Carmello*

3.
E você, gestor ou profissional de vendas, o que fará da sua carreira?

Nós percebemos a velocidade das mudanças ocorridas nos últimos anos e estranhamos isso. Depois de conferir as mudanças da Quinta Revolução Industrial, imagine que você dormiu no ano 2000 e acordou em 2022 ou depois disso. Como lidaria com o cenário encontrado ao acordar mais de vinte anos depois, diante de todas as mudanças ocorridas durante esse período? Certamente, seria uma loucura, com a impressão de ter caído "de paraquedas" num mundo totalmente novo, transformado, modificado. Nos esquecemos de que, apesar da rapidez das mudanças provocadas pela última revolução, a pandemia (de covid-19 e suas variantes) acelerou muito mais as mudanças previstas para anos à frente e nos colocou em xeque! É verdade. A pandemia nos levou a uma adaptação forçada para o novo mundo, que muitos têm chamado de "o novo normal".

O coronavírus ameaçou os mecanismos naturais de transformação industrial, tecnológica, social e corporativa, mudando bruscamente a maneira como as coisas eram percebidas e realizadas.

Mas se você sentir ou perceber a realidade à sua volta de maneira negativa ou pessimista, a sua própria sensação e percepção vão consumir as suas energias antes de poder usá-las. Zig Ziglar[17] disse que "o que consome

---
17 Hilary Hinton "Zig" Ziglar (1926-2012): escritor, vendedor e orador motivacional norte-americano.

a sua mente controla a sua vida". Acredite no que ele disse, mas não se deixe dominar por isso. Mude as coisas em sua vida e ao seu redor e não se acomode. Quem não fizer isso ficará de fora!

Você está otimista sobre os próximos acontecimentos em seu segmento? E no mercado brasileiro em geral? Está cada dia mais difícil ser otimista em um mundo caracterizado por paradoxos, desordem, diferenças, caos, imprecisão, incoerências, fragmentação e lógica confusa. E aqui contribuirei para uma adaptação a este mundo de mudanças tão profundas e disruptivas. Nos capítulos anteriores, mencionei que em 1992, Neal Stephenson cunhou em seu romance o termo metaverso. Tudo indica (especialistas, futurologistas, estudiosos do cenário etc.) que isso revolucionará a forma de fazermos negócios e que as empresas vão se relacionar de forma mais íntima com seus consumidores.

Entende-se que metaverso é um tipo de mundo virtual que procura replicar a realidade por meio de dispositivos digitais (um espaço coletivo e virtual compartilhado). Isso é a Inteligência Artificial (IA) na soma da realidade virtual, da realidade aumentada e da internet. Especialistas afirmam que, mais do que tendência, entrar no metaverso vai se tornar uma necessidade para as marcas se conectarem com os fãs e trabalharem suas estratégias de *branding*.

A economia virtual vai se tornar tão importante quanto a economia física. Estamos diante não apenas do nascimento de um universo paralelo, mas, principalmente, de um universo em plena expansão. É importante entender que não se trata de um modismo, de uma tendência passageira, e sim de uma revolução no mundo dos negócios e, consequentemente, em vendas. De acordo com uma análise da Bloomberg, em novembro de 2021, estima-se o potencial para se movimentar ao menos US$ 4,5 trilhões até 2024.

Então, há dois caminhos a seguir: o do otimista e o do pessimista. Não há uma terceira via. Em uma palestra realizada por Walter Longo, em dezembro de 2021 (facilmente encontrada no YouTube com o título

"Metaverso – onde você vai viver e trabalhar em breve"[18]), ele explicou que temos dificuldade de entender que o mundo avança em uma velocidade exponencial. O nosso cérebro superestima o que podemos fazer em um ano e subestima o que irá acontecer em cinco ou dez anos. Nosso cérebro raciocina de maneira linear, aritmética, e não em expansão, de modo exponencial. A realidade é que uma tendência não se realiza quando os fatos acontecem, e fatos acontecem quando vão ao encontro de uma tendência.

Se no mundo real é usado o conceito de "seja tudo que você conseguir", no metaverso o conceito é "seja tudo que você quiser". No vídeo, Walter Longo apresenta os impactos na nossa forma de encarar o mundo, além de tratar das enormes mudanças no marketing e como as vendas serão afetadas por essa nova realidade.

Sugiro que você pare a leitura deste livro, veja o vídeo e depois continue lendo. Estou certo de que você dirá "Uau! *Pirante*, mas real" ou seria virtual?

Se você assistiu ao vídeo, eu pergunto: acha possível ou provável que a área de vendas continue mudando lentamente? Eu garanto que não. Que bom!

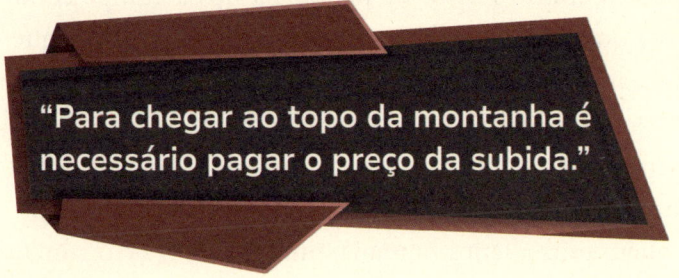

> "Para chegar ao topo da montanha é necessário pagar o preço da subida."

Então, vamos lá.

Seu DNA é compatível com sua empresa?

Por que atualmente um profissional deve esperar as circunstâncias ditarem aquilo que ele fará? Por que esse profissional deve esperar que as circunstâncias

---

18   https://youtu.be/IqTC4lsxNfk

ao seu alcance e as ferramentas e técnicas disponíveis sejam úteis e eficientes para ele interferir positivamente nos processos de vendas e criar um ambiente favorável para ele, sua equipe e empresa? Há muitas oportunidades, há muito o que fazer e é necessário se preparar para encarar isso.

Nessa questão, defendo o valor do conceito de *pertencimento*. Você e eu devemos *fazer parte* da empresa, pertencer a ela. Pertencer é ser merecedor, é caber. Pertencimento diz respeito a ser da competência de alguém, ao cargo ou à obrigação. E esse alguém, pode ser você! Pertencer é formar, ser parte integrante, mas também ser da atribuição ou da obrigação de alguém. Cabe ainda nessa definição competir, ser da jurisdição, ser relativo, dizer respeito a alguém.

O senso de pertencimento nas empresas é notado quando o profissional passa a vestir a camisa da corporação, mesmo que não esteja nos seus planos trabalhar nela o resto da vida. Ao menos enquanto estiver trabalhando numa empresa, o profissional deve fazer dela o melhor ambiente de trabalho para si e para os outros.

Devemos criar o hábito de pensar na nossa equipe como um grupo de pessoas que podem melhorar umas às outras, pessoas a quem você será benéfico para aperfeiçoar, tanto na vida profissional como em sua cidadania, e que isso será recíproco durante o tempo em que trabalharem e conviverem no mesmo ambiente corporativo. Depois, vocês alçarão voos mais altos e levarão consigo não apenas as experiências uns dos outros, mas também uma aliança humana, um laço de relacionamentos pessoais que o mercado chama gentilmente de *network*.

Considerando tudo o que foi dito, eu acredito, portanto, que o sentimento de pertencimento é fundamental, por exemplo, para:

- O engajamento da equipe;
- O aumento da produtividade;
- A melhoria do clima organizacional;
- A comprometimento do time;
- A engajamento de todos na empresa;
- A aumento do bem-estar geral.

Isso tudo faz com que todo o time de uma empresa atenda não apenas às suas necessidades básicas – de fazer o mínimo para se manter no trabalho e receber o seu salário –, mas também passe a satisfazer seus profissionais de maneira mais produtiva, valorizando a realização pessoal e a conquista da estima dos colegas.

Dentre os inúmeros benefícios que o sentimento de pertencimento oferece estão:

- Fazer com que os talentos gostem do ambiente de trabalho e queiram permanecer na empresa;
- Fazer o time se tornar defensor da organização e ter zelo pela marca e sua reputação;
- Estimular o engajamento as pessoas para que se comprometam com os objetivos da empresa, fazendo mais e melhor.

Isso é o que se chama "vestir a camisa" da empresa.

A rigor, esses três aspectos dizem respeito ao campo profissional e é o que interessa à empresa, mas também a nós, que passamos a maior parte do dia nela e que dela tiramos o nosso sustento e proporcionamos conforto para nós e nossas famílias.

Ao ler que passamos a maior parte do dia numa empresa ou trabalhando "fora" (caso você seja profissional independente), não imagine que o fato de você, ou quem quer que seja, trabalhar exageradamente, fazendo muito mais do que as demais pessoas, seja equivalente a estar fazendo a coisa certa. Muito trabalho não significa muito ou mais acerto. Não cometa esse erro e não acredite nessa ilusão que eu mesmo defendi por muitos anos.

Confie em mim, isso não é papo de "gente velha". Dê maior atenção a *foco* e *planejamento*, sem esquecer de inovações e tendências, em vez de dar atenção a volume e intensidade. Devemos ter volume e intensidade para outras coisas, não necessariamente no que diz respeito aos resultados que queremos alcançar para nós, nossas equipes e a empresa para a qual trabalhamos.

Em vendas, durante muito tempo se pensou que volume de trabalho favorecia melhores resultados, ou seja, mais vendas e mais comissões. Mentira! Ao menos nos últimos cem anos esse pensamento prevaleceu. Atualmente, no entanto, o mundo é altamente complexo; muita gente está tateando, na tentativa de entender o que está acontecendo e para onde está indo. Você já ouviu aquele ditado que diz "em terra de cego quem tem um olho é rei"? Ele traduz muito bem a configuração social atual no planeta, e digo isso sem exagero, já que a pandemia atingiu a todos, em todos os âmbitos.

Hoje, ninguém tem resposta para muitas questões, mas estamos trabalhando para encontrá-la. Mais do que nunca na história precisamos aprender continuamente e sobre mais assuntos. Isso não nos melhorará somente como pessoas, óbvio, mas também como profissionais.

Por causa das revoluções pelas quais passamos, incluindo a recente pandemia, o mundo mudou, e foram mudanças de tirar o fôlego! E se o mundo mudou, não seria a nossa profissão que se manteria estagnada no passado sem sofrer nenhuma alteração. Foi preciso que ela mudasse, assim como outras áreas, e coitado de quem não compreender isso.

O setor de vendas está atravessando transformações consistentes e profundas motivadas por pelo menos quatro fatores:

1. A nova tecnologia de marketing permite que as empresas obtenham informações abrangentes sobre o que os seus clientes atuais e potenciais desejam e esperam. Com o uso do metaverso são criados avatares, personas.
2. Os consumidores estão mais exigentes, esperando a entrega de um valor superior e personalizado 24 horas por dia, 7 dias por semana.
3. Os profissionais se tornaram eternos aprendizes que buscam empregos significativos e não aceitam a monotonia; saindo de um *círculo vicioso*.
4. E, finalmente, as empresas estão reorganizando seus quadros e processos para se adaptarem às últimas tecnologias, o que acarreta

mudanças adicionais que requerem novas competências pessoais; iniciando um *círculo virtuoso*.

Esses fatores, entre outros, refletem o que chamamos de novo mercado e nova economia. A economia atualmente está mais madura, menos amadora, mais exigente, mais dinâmica e se vingando da velha economia, aquela dos tempos de fartura e da falta de planejamento, do amadorismo, de um tempo em que, mesmo errando, era possível que as pessoas se mantivessem no páreo, seguindo em frente e permanecendo no mercado.

Hoje, um erro, dependendo da gravidade, pode tirar o profissional ou a empresa do posto que ocupa (ainda que seja de destaque). Ao mesmo tempo, há milhares de outros profissionais e empresas aguardando, ávidos, para ocupar o lugar vago. A turma que está chegando no mercado, os novos profissionais, tem gente capacitada e competitiva, atenta às mudanças e familiarizada com as novas tecnologias, e temos de admitir que a chave da inovação, que alguns têm na mão, é abandonar as velhas práticas, os velhos hábitos, e olhar para a frente, entendendo o que o tempo e as novas tecnologias estão nos proporcionando.

Foi-se o tempo em que planejamento era artigo de luxo e foco era coisa de atletas de alta performance. Nós, profissionais de venda, precisamos incorporar essa nova realidade e aplicá-la a nosso favor e em benefício dos nossos clientes. Esse é o ponto.

É inconcebível que em plena Quinta Revolução as pessoas ingressem em uma profissão como a de vendas – cuja importância é estratégica dentro das empresas – acreditando em fórmulas mágicas. É inadmissível que vendedores saiam às ruas esperando que alguém vá motivá-los mesmo quando uma negociação não der certo ou que a qualquer momento um gênio criará uma oportunidade encantada para, com pouco esforço, obtenção de sucesso instantâneo. Isso simplesmente não existe; aliás, nunca existiu.

Se no passado os profissionais não planejavam, e ainda assim vendiam, é porque a conjuntura e as ferramentas disponíveis eram outras. Mas havia gente que fazia pesquisa de mercado, de maneira rudimentar, mas fazia.

Esses protagonizaram bons negócios e lançaram o embrião do que a área de vendas se tornou nos dias de hoje.

Penso que a razão de existirem tantas pessoas nota 7, ou menos do que isso, é porque elas não evoluíram em consonância com o mundo. Muitos ainda acreditam em superstições sobre vendas e carreira, acreditam na sorte e nos fantasmas do passado, enquanto o mundo corporativo, o mundo dos negócios e o mundo de verdade estão abandonando a mediocridade e se especializando para oferecer vendas/produtos/serviços com excelência.

É necessário vislumbrar diante de si a diferença entre o ordinário e o extraordinário. Não estou dizendo que um extraterrestre precisa vir até o nosso planeta mostrar essa diferença; você tem que treinar a sua visão para enxergar isso independentemente de onde estiver, seja qual for o setor da economia você escolher para trabalhar.

Você precisa se especializar cada vez mais. E a iniciativa para isso acontecer deve *partir* de você, deve *estar* em você, faz parte do seu DNA, para que você não dependa de terceiros e as mudanças comecem a partir de você.

Em nossa profissão, o principal atrativo não são os produtos, não é a oportunidade comercial. O que diferencia as relações e as negociações são as pessoas, somos nós, mesmo com a ajuda da IA. Fazemos essas coisas todas acontecerem, seja no nível ordinário ou, de preferência, no nível extraordinário. O "extra" é o que você deve buscar, alcançar, manter e desenvolver. É fazer mais do que está descrito no seu *job description*.

No meio profissional muito tem se falado no valor das *soft skills* em detrimento do *hard skill*. Será?

Um estudo realizado em anos diferentes traz uma reflexão interessante. Em 2016, uma grande pesquisa realizada pelo IBM Institute for Business Value, em cooperação com a Oxford Economics, envolveu mais de 5 mil respondentes em 48 países e mostrou que a preferência dos executivos em relação à sua força de trabalho estava mais direcionada para as habilidades técnicas do que para qualidades de outras naturezas. Em 2018, ao repetirem as mesmas questões, o resultado foi surpreendente, uma vez que as habilidades comportamentais subiram de forma geral entre as opções levantadas e ocuparam as quatro primeiras posições.

Assim, "a disposição para ser flexível, ágil e adaptável a mudanças" passou de quarta para a primeira posição. "Gestão do tempo e capacidade de priorização" passou de sétima para a segunda posição. "Capacidade de trabalhar eficazmente em ambiente de time" também subiu da quinta para a terceira posição. E a "capacidade de se comunicar eficazmente no contexto de negócios", embora tenha ido da terceira para a quarta posição, ainda se manteve entre as prioritárias.

Já entre as *hard skills*, as duas que estavam empatadas em primeiro lugar em 2016, "Capacidade técnica-chave para ciência, tecnologia, engenharia e matemática" e "Habilidades de computação básica e de *softwares*" caíram, respectivamente, para a sexta e oitava posições. O quadro representa as demais modificações nas posições entre as competências avaliadas. No geral, é possível perceber visualmente a ascensão das *soft skills* em detrimento das *hard skills*.

Em 2019, o terceiro relatório publicado pela IBM[19] trouxe à tona essa discussão, além de algumas possíveis explicações. Uma das hipóteses é a de que os investimentos foram priorizados inicialmente no desenvolvimento de habilidades técnicas, assim como na adoção de novas tecnologias, e que, depois, buscou-se atender as habilidades comportamentais.

Outra hipótese é a de que os executivos estão buscando cada vez mais a inovação contínua, e para isso é necessário ter elementos mais comportamentais, tais como criatividade, empatia, trabalho em equipe, adaptação, entre outros.

Um dado interessante é que o tempo de preenchimento de uma lacuna de habilidade por meio do treinamento tradicional cresceu mais de dez vezes nos últimos quatro anos, passando de 3 para 36 dias por conta de sua complexidade.

---

19 www.ibm.com/blogs/ibm-comunica/estudo-da-ibm-aponta-que-mais-de-7-milhoes--de-brasileiros-precisarao-de-recapacitacao-profissional-nos-proximos-tres-anos/

Do ponto de vista da aprendizagem, podemos colocar alguns aspectos importantes nessa discussão. Em primeiro lugar, habilidades técnicas tendem a ser mais facilmente empacotadas em soluções de *e-learning* ou treinamentos do que as habilidades comportamentais, que necessitam de vivências, contexto e situações reais para serem desenvolvidas eficazmente.

Em segundo lugar, a habilidade comportamental é muito influenciada pela cultura da organização, enquanto as habilidades técnicas podem ser desenvolvidas com soluções genéricas do mercado, se forem universais.

Em terceiro lugar, o acompanhamento da evolução e a avaliação são nítidos na habilidade técnica, assim, a pessoa sabe ou não sabe. Na análise comportamental, por sua vez, a percepção e a verificação do êxito da mudança são bastante subjetivas e interpretativas; além disso, há chance de retrocesso do comportamento.

Por fim, embora sejam comumente diferenciadas e separadas, a boa prática diz para unirmos *soft skill* e *hard skill* no desenvolvimento das pessoas, pois isso facilita a aplicação da técnica seguindo os padrões comportamentais. Ensinarmos esses elementos separadamente só dificultará a junção deles na execução pelo aprendiz.

Independentemente do que é mais ou menos importante, o foco deve estar em como desenvolver com eficácia aquilo que se dispôs a fazer, combinando os melhores meios para isso e indo além do treinamento. Só assim será possível combater a escassez de habilidades críticas requeridas pelas organizações[20].

Na prática de vendas, no entanto, a história pode ser outra. Conversei com um amigo de quase três décadas, professor da FGV (Fundação Getúlio Vargas), João Batista Vilhena. Ele foi o responsável por criar o que muitas pessoas achavam loucura: um MBA em Gestão Comercial.

---

20 IBM. *The enterprise guide to closing the skills gap:* strategies for building and maintaining a skilled workforce. Nova York. IBM Institute for Business Value, 2019. Disponível em: https://www.ibm.com/thought-leadership/institute-business-value/report/closing-skills-gap.

A grande questão era: quem iria querer fazer um MBA em vendas? Pois é, em 2022, esse é um MBA consagrado, o mais procurado e que gerou muitos concorrentes. Vilhena fez isso se tornar realidade e estou com ele desde a primeira turma do curso. Antes (de 1990 a 2000), eu era professor de Marketing. Vendas? Praticamente não tinha nada relacionado a isso sendo oferecido pelas faculdades. Quando o tema era abordado no conteúdo de algum curso, dava-se o basal, o periférico, tal qual técnicas de vendas, princípios básicos do vendedor e por aí vai. Hoje, esse assunto é ponto de fusão (lembre-se do conceito de química) nas empresas.

Vilhena dedicou a tese do seu doutorado para falar da importância do *hard skill* em vendas. Ele se propôs a discutir e embasar uma questão que ambos consideramos de grande relevância para o presente e o futuro das vendas: a crescente importância e dominância de *hard skill* pelos profissionais da área comercial. Veja o texto enviado por ele, o qual eu tive o privilégio de incluir aqui neste livro:

> É mais fácil aprender a fazer do que querer fazer. Essa talvez seja a grande diferença entre *soft* e *hard skills*. Durante muito tempo vender era algo muito simples. Como a oferta era menor do que a procura, não precisávamos de grandes esforços para conseguir os resultados desejados pela nossa organização. O tempo passou, as tecnologias de produção avançaram rapidamente, o mundo se globalizou (a oferta passou a ser mundial, e não mais local) e vender se tornou bastante complicado.
>
> O que fizeram as organizações? Começaram a pensar em novas maneiras de convencer as pessoas a consumir suas ofertas. O caminho mais promissor foi o de conquistar o coração dos compradores. Para isso, aprimorar as habilidades de relacionamento dos vendedores tornou-se mandatório. Surgiram técnicas muito poderosas, apoiadas por novas teorias psicológicas (o modelo de vendas consultivas, por exemplo, é 100% apoiado na teoria comportamental cognitiva). A sensação generalizada era a de se ter descoberto a fórmula definitiva do sucesso em vendas.

Mas as tecnologias não pararam de avançar. Inteligência Artificial, realidade aumentada, Big Data, *omnichannel*, impressão 3D, algoritmos e outras questões de mesma natureza passaram a fazer parte do nosso dia a dia. O resultado prático disso tudo é que não basta mais ter um excelente relacionamento com os clientes. É preciso superar continuamente sua satisfação com as diversas experiências de consumo que vivenciam. Para isso, é preciso dominar tecnologia.

Assim sendo, não tenho dúvidas ao afirmar que a questão das *soft skills* continuará a ser importante, mas como diz Tomanini, isso já faz parte do DNA do vendedor. Dessa forma, no mundo do metaverso, o principal desafio será somar competências técnicas às comportamentais. Isso será decisivo para o sucesso dos gestores comerciais e vendedores neste mundo cada vez mais frágil e imprevisível em que vivemos.

Estou certo de que todas essas palavras do Vilhena ficarão claras no decorrer deste livro. E como diz Roberto Shinyashiki, "Se você faz o que todo mundo faz, chega aonde todos chegam. Se você quer chegar aonde a maioria não chega, precisa fazer algo que a maioria não faz".

O profissional dos novos tempos precisa ter um perfil mais analítico, domínio de ferramentas da tecnologia, inteligência relacional, entendimento de processos e de pessoas, capacidade de oratória, capacidade de liderança e de gestão compartilhada e constante aprendizado. Foi-se o tempo do "Vamos fazer assim mesmo e depois vemos como resolver", "Não ganho para isso", "Fiz o que dava", "Ninguém pediu", "O negócio não é meu", "Não aguento tanta cobrança da empresa"... Essas são uma pequena parte das frases mais ditas pelos incompetentes, fracassados e acomodados. Pior é quando vem incluído "Quer saber, vou montar o meu próprio negócio" – aí fica hilário. Pense no que você está fazendo agora com sua vida. Reflita sobre como será nos próximos anos. Neste livro, você encontrará um roteiro para construir sua marca e sua carreira. Imperdível!

Não seja um profissional nota 7 em sua carreira ou será apenas "mais do mesmo" – aqueles que trabalham para manter um emprego, ocupar uma vaga, sem dar a menor contribuição para o setor, para a profissão ou para a sociedade. Na prática, esses não fazem nada que os diferencie e, assim, as empresas para as quais trabalham jamais serão lugares melhores ou entregarão algo de valor para seus clientes e consumidores. É preciso ser um profissional nota 10, é preciso ser *fodasticamente* competente.

Como falamos em revoluções, devo mencionar uma coisa relacionada a elas. Todos falam em mudanças. Dizemos que a empresa precisa mudar, que a política precisa mudar, que o time de futebol precisa mudar, que o governo precisa mudar. Já percebeu isso? E por que as coisas não mudam por completo, se todos estão falando e querendo a mesma coisa? Porque as pessoas não aceitam mudar. Elas esperam por mudanças, mas resistem a elas. Então, se você quer se destacar na multidão, mude! Mude seu comportamento, mude o seu olhar, mude os seus hábitos, mude a sua abordagem.

Mude o que for preciso, mas mude! E se eu puder incentivá-lo, eu o farei, e por isso repito: vendas não são um evento, vendas é um processo. E como processo, está em constante movimento e mudança. Não quero ser prolixo, mas repito: o trabalho que as máquinas realizam e que nunca poderá substituir o do homem é o da natureza cognitiva e criativa; portanto, entenda o que a máquina faz e vá além, ouse, seja estratégico aproveitando as competências fundamentais da empresa.

> "A Inteligência Artificial é a cópia do ser humano. Então, assim como temos seres humanos burros, temos inteligência artificial estúpida, errada, enfim, a burrice artificial. Ela é um reflexo de quem a alimenta."
> *Waldez Ludwig*

> **Pensar é o trabalho mais difícil que existe. Talvez por isso tão poucos se dediquem a ele.**
> *Henry Ford*

4.
Mudar para vencer e mudar para vender

Quando realizei, por dezenas de vezes, alguns trabalhos com a Disney, em Orlando, levei profissionais de vendas para diversas convenções e visitas planejadas no parque, para que conhecessem os bastidores e, principalmente, o "jeito Disney de ser". Um dos grandes aprendizados é muito bem definido pelo professor PhD Claudemir Oliveira, autor de diversos livros sobre a Disney e um apaixonado pelo assunto. Eu tive a oportunidade de conhecê-lo há quase trinta anos e posso afirmar que ele tem uma história de vida e uma trajetória profissional de dar inveja aos mais otimistas e guerreiros.

A Disney se preocupa em encontrar grandes líderes e gestores. E esses líderes escolhem excelentes colaboradores. Só então vem a satisfação dos convidados (clientes). Para realmente encantar seus clientes, a Disney segue estes sete passos do sucesso:

1. *Fazer contato com os olhos e sorrir*. Essa é uma forma de mostrar ao cliente que você está ali para ele.
2. *Dar boas-vindas a todos*. Aplicando isso a vendas, cumprimentar a todos na empresa em que trabalha e na empresa do seu cliente.

3. *Procurar contato com o convidado.* Busque a oportunidade de se conectar com seu cliente; afinal, são pessoas que acolhem, escutam, entendem e atendem.
4. *Resolver imediatamente o problema.* Aqui faço uma menção para vendas: escutei muitas e muitas vezes o vendedor me dizer que foi o departamento "x" ou o "y" que fez algo errado. Portanto, não era ele que poderia resolver o problema criado. Eu sempre questionei sobre isso. Como?! Resolva!
5. *Ter postura corporal adequada.* Olhe nas lojas a postura do vendedor, veja quantos estão atentos, veja quantos estão olhando o teto ou o celular. Mantenha o foco total no cliente e lembre-se de que as expectativas do cliente são altas em relação a você.
6. *Preservar a experiência mágica do convidado.* No caso do cliente, nunca saia do seu papel no show, ou seja, o cliente quer alguém em quem ele possa confiar e que resolva seus problemas, e não um "*brother*" para tomar cerveja ou cafezinho. Não encare qualquer problema como pessoal; afinal de contas, os clientes veem você como a empresa que está negociando com ele.
7. *Agradecer a todos os convidados.* Você lembra quantas vezes, depois de uma compra ou um negócio fechado, teve o retorno do vendedor para agradecer e saber se tudo estava correndo bem?

Os norte-americanos, em geral, estranham as nossas atitudes e demonstram certa simpatia pelo jeito brasileiro de ser, mas claramente desconfiam da nossa capacidade produtiva. Na visão deles, nós somos, antes de tudo, imprecisos, informais, encontramos um "jeitinho" para tudo, temos gosto pela conversa e somos imediatistas. Não concordo com isso, porque quem é genuinamente profissional não trabalha dessa maneira.

Esses confrontos culturais fazem a gente se perguntar (sem conseguir uma resposta exata) sobre o que é melhor: viver sob chuva e neve, sob constante pressão do tempo e de se tornar eficiente por meio de extrema dedicação e disciplina, ou banhar-se ao sol, solto e relaxado, mesmo sem saber como progredir, superar e vencer?

A produtividade brasileira continua baixa. Sim, vem melhorando, mas podemos alcançar muito mais. Precisamos levar sempre a pior nota ao nos compararmos com os norte-americanos simplesmente porque somos menos eficientes? Na realidade, somos mais espontâneos, mais soltos, mais alegres, mais inspirados pelos ritmos tão diversos das nossas músicas populares e pelo clima tropical.

No Brasil, onde um pequeno passo em falso não é condenado por ninguém e onde a malandragem costuma ser encarada como uma habilidade que nem todos dominam, mas, em contrapartida, muito cobiçada, vemos um crescimento na ética, com princípios e valores sendo encorajados pelo crescimento sustentado, com base na honestidade e por pessoas que não querem mais se relacionar com aquilo que é errado, enrolado, difuso, desconexo.

É incrível que vendas – essa profissão que não é uma simples atividade – tenha se distanciado por tantos anos da sua definição etimológica, que demonstra com clareza a importância de sermos profissionais, alinhados às melhores práticas de relacionamento e gestão.

Nós, da área de vendas, somos, sim, melhores e podemos mais! Precisamos, porém, de disciplina e planejamento; temos que ser menos empíricos e defensores da ideia de que burocracia não leva a nada (e justificamos a nossa falta de planejamento e de preparo com esta falaciosa palavra que esconde o despreparo: burocracia).

Entenda a definição de vender. A palavra *vender* tem origem no latim, *vendere*, que, por sua vez, origina-se da expressão *venum dare*, que quer dizer "dar" ou "colocar à venda". A pessoa do *vendax* (vendedor) precisa, antes de tudo, mostrar que o seu produto/serviço é muito bom; só depois ela poderá cobrar o preço da mercadoria/serviço, quando esta/este se mostrar tal qual ele a apresentou.

Você percebe como a prática de vendas envolve o fator humano, o vendedor, com o objeto vendido, que é a mercadoria ou produto/serviço?

O profissional de vendas não trabalha para realizar uma venda para uma pessoa que nunca mais irá comprar dele – que é o que eu chamo de "evento" (e vendas não é um evento!).

Pelo contrário, o profissional de vendas deve se envolver em um processo de longo prazo, que começa com o aprendizado sobre o seu produto ou serviço e passa pela confiança na eficácia da solução que ele está apresentando, a ponto de, por fim, comprometer a sua palavra, assegurar a sua credibilidade e reputação, demonstrando que está rigorosamente interessado que seu cliente esteja satisfeito com a solução oferecida, seja um produto, um serviço, uma assistência ou uma assessoria.

Qual é o resultado dessa relação duradoura e continuada senão vendas, lucro e prosperidade, ou seja, o resultado que todos nós, empresa e profissionais, esperamos do nosso trabalho? Não há qualquer novidade nisso. Nenhuma. Mas quem está disposto a se envolver nessa relação com seus clientes? Poucos, porque em geral as pessoas são imediatistas; outras não estão dispostas, porque encaram o trabalho com vendas "quebra-galho", uma profissão-tampão enquanto a crise pessoal que enfrenta não passa. É por isso que a nossa categoria sofre, leva má fama e isso compromete a reputação daqueles que, como eu, fizeram das vendas a própria razão de ser.

Em compensação, posso afirmar que estou bastante satisfeito com os resultados que alcancei e ainda alcanço com o meu trabalho, porque efetivamente apliquei esses conceitos que acredito e defendo no meu dia a dia e consegui mostrar os resultados da filosofia que adotei ao longo das décadas dedicadas à profissão.

Não criei nada, apenas levei a sério o suficiente para chegar aonde desejei e hoje posso desfrutar dos benefícios que isso me proporciona. Tive a oportunidade de ser conduzido por líderes genuínos e competentes. Eles me ensinaram, me orientaram, me mostraram os caminhos certos e como realinhar meu trabalho quando necessário. Marcelo Escorel Costa, na época diretor da ADP, foi um deles. Aliás, o maior deles. Por essa razão, quero que você acredite nas minhas palavras e seja, também, uma pessoa realizada na profissão que escolheu: um profissional de vendas, um competente profissional de vendas 5.0!

Há, ainda, o outro lado do conceito de vendas que é a raiz do termo, já que comprar vem do latim *comparare*, que quer dizer "comparar", "colocar ao lado para observar as diferenças". Antes de comprar as pessoas costumam comparar produtos até decidir qual deles vai adquirir e investir dinheiro.

A prática de qualquer uma dessas duas atividades, vender e comprar, chama-se *comerciar*, termo também originado do latim: *commerciare*, de *com*, do qual temos "conjunto", acrescido de *merx*, mercadoria ou material posto à venda. Quem comercializa está fazendo *negócio*, que vem da expressão latina *nec otius*, a "negação do ócio", "da inatividade".

Quando se está fechando um negócio não há descanso, é rejeitar o "não" como fim do processo, é labutar, trabalhar na comparação daquilo que está à disposição até compreender o que é melhor, o que apetece, o que traz melhores resultados, conforto e satisfação em comprar algo, adquirir. É atividade constante, exercício permanente, sem ócio: *negócio*.

No universo de vendas, nos quadros de profissionais da área, ninguém precisa imitar o outro a ponto de perder as próprias características, os traços distintivos e pessoais. Penso que cada profissional precisa de autoconhecimento, melhorar os pontos fracos e aperfeiçoar os pontos fortes, o seu diferencial. Isso também vale para outras profissões.

O quadro a seguir traça o conjunto de características de quatro grupos de pessoas na área de vendas. Chamo-os de primos-irmãos: os comunicadores, os planejadores, os executores e os analistas.

Observe como a somatória desse grupo forma aquilo que uma equipe eficiente necessita: variedade de talentos, de capacidades. Se todos na equipe forem planejadores, quem irá executar o planejamento feito? Se todos forem comunicadores, quem irá analisar os riscos e as oportunidades? Assim, toda equipe precisa ser diversificada, e cada profissional precisa entender que sem a competência do outro ele não irá tão longe quanto iria se todos fossem juntos, somando seus múltiplos talentos.

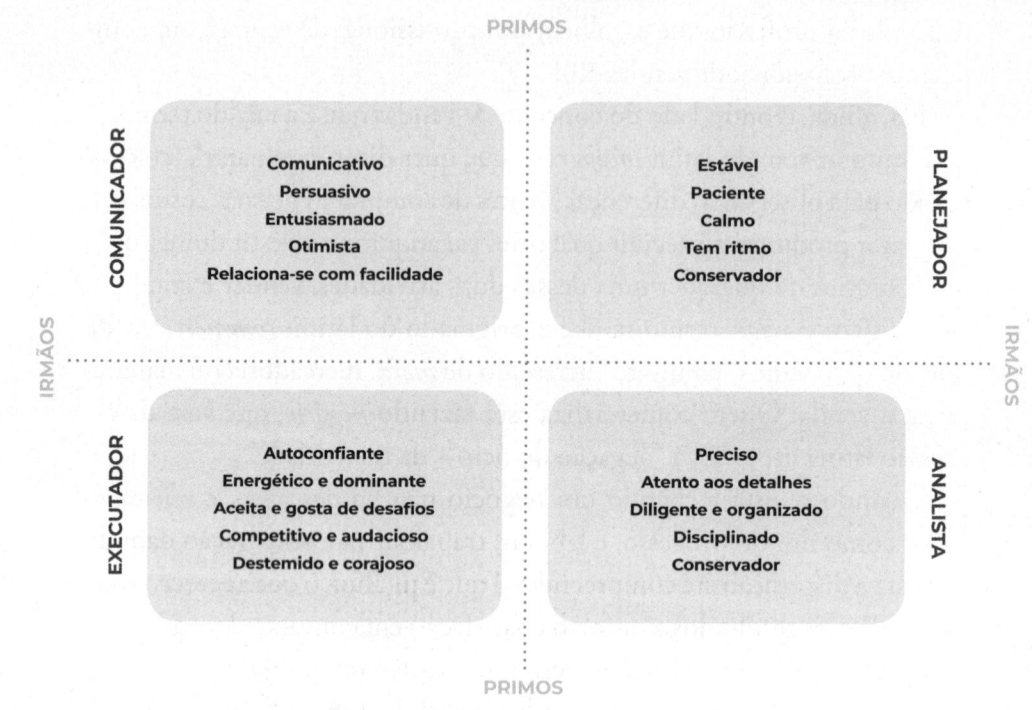

```
                              PRIMOS

    ┌─────────────────────────────┐  ┌─────────────────────────────┐
    │      Comunicativo           │  │         Estável             │
 C  │      Persuasivo             │  │         Paciente            │  P
 O  │      Entusiasmado           │  │         Calmo               │  L
 M  │      Otimista               │  │         Tem ritmo           │  A
 U  │      Relaciona-se com       │  │         Conservador         │  N
 N  │      facilidade             │  │                             │  E
 I  └─────────────────────────────┘  └─────────────────────────────┘  J
```

FIGURA 2 – GRUPOS DE PESSOAS NA ÁREA DE VENDAS

(eixos: PRIMOS / PRIMOS — IRMÃOS / IRMÃOS; quadrantes: COMUNICADOR, PLANEJADOR, EXECUTADOR, ANALISTA)

- EXECUTADOR: Autoconfiante / Energético e dominante / Aceita e gosta de desafios / Competitivo e audacioso / Destemido e corajoso
- ANALISTA: Preciso / Atento aos detalhes / Diligente e organizado / Disciplinado / Conservador

Do mesmo modo como uma equipe se constrói com diversidade, com variedade de talentos e competências, nós, que individualmente somos um microcosmo das equipes (e da própria sociedade), também somos uma mistura de perfis ou de personalidades. Ninguém é uma coisa só o tempo todo. Ninguém é só pai (ou mãe), ou só filho (ou filha) ou só marido (ou esposa) ou só profissional. Nós podemos ser um pouco de tudo, e em determinadas situações predominar um traço sobre o outro, de acordo com as circunstâncias ou com o ambiente onde estivermos.

O quadro a seguir vai dar a você uma ideia de como a maioria das pessoas é; aliás, eu diria todas, com a ressalva de que em cada uma predomina mais um traço sobre o outro; há certas situações que evocam mais ou menos uso da razão, mais ou menos uso da emoção e, por isso, as pessoas se tornam mais ou menos afáveis ou expressivas, mais ou menos analíticas ou pragmáticas.

```
                            + RAZÃO

    ┌─────────────────────────┐  ┌─────────────────────────┐
    │ TOM DE VOZ – CONSTANTE  │  │  TOM DE VOZ – FORTE     │
    │       ANALÍTICO         │  │      PRAGMÁTICO         │
    │     Quer informação     │  │     Quer respostas      │
    │  GESTOS – PENSATIVOS    │  │  GESTOS – IMPOSITIVOS   │
    └─────────────────────────┘  └─────────────────────────┘
+ LENTO                                                       + RÁPIDO
    ┌─────────────────────────┐  ┌─────────────────────────┐
    │   GESTOS – SUAVES       │  │   GESTOS – LARGOS       │
    │        AFÁVEL           │  │      EXPRESSIVO         │
    │    Quer conselhos       │  │   Quer relacionamento   │
    │ TOM DE VOZ – BAIXA INFLEXÃO │ TOM DE VOZ – ALTA INFLEXÃO │
    └─────────────────────────┘  └─────────────────────────┘

                           + EMOÇÃO
```

Figura 3 – Características de pessoas na área de vendas

Somos todos *accountability*[21], palavra que traduzida literalmente quer dizer "responsabilidade". Essa é a característica da pessoa que presta contas, que tem senso – individual e coletivo – de responsabilidade por resultados. Não é isso o que queremos e que as empresas esperam de nós? Nada de pensar como "águias", como as pessoas vivem dizendo por aí que devemos ser. A águia é egocêntrica, individualista e tem um comportamento

---

21 Valor inerente que existe dentro de uma organização, relacionado à responsabilidade na hora de realizar tarefas e executar projetos e que é refletido em cada membro, começando com seus líderes.
Está diretamente relacionado à responsabilidade e à atitude que percebemos de um indivíduo em um ambiente de trabalho, representando sua capacidade de se situar ativamente perante os desafios do cotidiano.
Dentro de uma empresa, todos têm em mente um senso de responsabilidade e cumprimento de seu dever, sem a necessidade de ser lembrados disso o tempo todo, portanto, quando uma pessoa cumpre essas regras, ela é considerada *"accountable"*.

que não está alinhado com a ideia de equipe, de conjunto, das mudanças que a nossa geração exige cada vez mais.

Existe uma lenda que diz que a águia, quando precisa trocar o seu bico, bate com a cabeça nas rochas até se livrar do bico velho. Você não precisa bater com a cabeça para se renovar, basta mudar a maneira de pensar. Você tem que colocar um "re" na frente de determinadas palavras: *re*pensar (repensar diversas vezes); *re*definir (aproveitar as coisas boas que herdou da sua tradição e utilizar as boas oportunidades que as novas técnicas e tecnologias oferecem); *re*vigorar a sua presença e atitude diante dos novos desafios. Isso requer não alocar mais do mesmo, mas *re*alocar os recursos, as energias empregadas para alcançar os resultados que todos esperam.

É praticamente dispensável dizer isso, mas precisamos reinventar a nossa profissão para podermos acompanhar as mudanças que ocorrem o tempo todo ao nosso redor. Penso que enquanto humanidade, atingimos um estágio em que nunca mais poderemos nos acomodar; a própria história das Revoluções nos mostra que "mudança" parece ser a palavra de ordem, e cada vez mais em ritmo acelerado. Assim, para acompanharmos esse novo ritmo, devemos reestruturar as relações corporativas para que se adequem às novas realidades e rever processos, porque os que aí estão pertencem às antigas estruturas.

Por fim, não basta apenas imaginar, mas também *re*imaginar. Imaginar faz parte da nossa essência: a venda do ano, a meta alcançada em tempo recorde, a comissão polpuda... Agora, não se trata de uma venda, uma meta e uma comissão. Os novos modelos de negócio exigem processos mais intensos e duradouros. Nós nos tornamos quase "sócios" ou consultores dos nossos clientes, parceiros que se envolvem com as necessidades deles, que sentem as dores deles para que possamos apresentar o remédio certo. Assim, reimagine-se como parte da situação para a qual você vai apresentar a solução, e a solução é o produto que você vende, é o serviço que você presta, é a assessoria que você dá!

Aqui, quero contribuir com oito pontos importantes para você refletir, planejar e incorporar:

1. Não tenha sonhos, tenha um planejamento com metas claras.
2. Faça mais do que você é pago para fazer.
3. A aparência é importante, invista em si mesmo física e espiritualmente, construa sua marca pessoal.
4. Não perca tempo explicando o problema. Resolva!
5. Conhecimento é fundamental. Leia, estude, informe-se, atualize-se.
6. Não espere estar motivado para fazer. Tenha disciplina e faça (isso vale para sua profissão, para sua vida pessoal e para o cuidado com sua saúde).
7. Não queira ser bom em tudo. Tenha foco.
8. Não acredite em dinheiro fácil. Sucesso não tem atalho. Construa sua carreira.

José Luiz Tejon Megido, um amigo querido e palestrante competente, em seu livro *O voo do cisne*[22], nos adverte para o modo como os cisnes voam em bando. Com o seu exemplo, devo me render ao fato de que as ilustrações que usam a águia como modelo de sucesso estão ultrapassadas. Tejon nos chama a atenção para o fato de os cisnes voarem sempre em conjunto e em formato de "V". Desse modo, o primeiro cisne, o que voa na dianteira, cria uma zona de menor resistência ao ar para os demais cisnes que vêm atrás. Ao longo da jornada de voo, eles vão se revezando durante os longos trajetos percorridos. Quando um membro do bando está ferido ou doente, outro cisne pousa com ele e permanecem juntos até que ambos possam retornar ao bando.

Essa nova mentalidade para vendas precisa ser assimilada por nós o quanto antes; precisamos de mudanças rápidas na maneira de pensar para que possamos abandonar os tipos ultrapassados e avançarmos logo para a nova fase. Temos que abandonar os velhos modelos ou tipos de profissionais para ingressarmos nessa nova fase.

---

[22] MEGIDO, José Luiz Tejon. *O voo do cisne*: a revolução dos diferentes. São Paulo. Gente, 2002.

Além desse aspecto destacado no voo dos cisnes, em nosso caso, o poder, a força e a segurança dos indivíduos em um grupo também aumentam quando viajamos na mesma direção, com aqueles com quem dividimos um objetivo em comum. Isso vale muito para nós, profissionais de vendas. Por isso insisto: compartilhe as suas experiências, troque informações, aumente o repertório e forme uma força conjunta para que todos na equipe possam se fortalecer.

Abandone a ideia de que você precisa ser águia e admita que ser um cisne é bem melhor e mais produtivo para todos. Os cisnes sempre chegam juntos ao destino a que se propõem chegar; nenhum deles se perde no caminho. Pense sobre isso. Não vivemos mais o lema do Império, na frase dita por D. Pedro I: "Independência ou morte!". Hoje nós dependemos uns dos outros, e a palavra de ordem deve ser mudada de independência para *interdependência*.

Tejon costuma definir que vendas é a atividade essencial de qualquer empresa. Para atingir excelência nessa seara, é necessário ter muita disciplina e um planejamento minucioso. Cerca de 50% do sucesso da venda nasce no plano. O resto é implementação e controle. "Executivo comercial tem que ter muita disciplina para passar sobre os obstáculos da inconstância o tempo todo". É aí que se volta à necessidade de planejar – sempre.

Acredite, não me canso de escutar o querido Tejon sempre dizendo "menino, foque nas batatas". Se não entendeu, leia o livro dele. É, no mínimo, emocionante.

Costumo dizer que há três tipos de vendedores ou de colaboradores no mercado. O primeiro é o "zumbi". Os zumbis (como no seriado *The Walking Dead*) são profissionais que fazem corpo mole, criticam os superiores, falam mal do mercado e insistem em dizer que não conseguem resultados porque o preço do concorrente é sempre mais barato e competitivo. Eles justificam assim a razão pela qual não alcançaram seus objetivos individuais e coletivos.

O segundo tipo é o "repolho", os vendedores que ficam na inércia. Sempre estão esperando uma ordem da liderança para agir. Os vendedores repolho não saem da média e, de forma velada, reclamam de tudo o que acontece. Fazem o básico, não surpreendem e não têm proatividade.

Graças a Deus que há o terceiro tipo de profissionais, que são aqueles que compreendem a necessidade e importância de ter atitude de verdade! Eu os chamo de profissionais "Bolt", em referência ao velocista olímpico Usain Bolt, que conquistou oito medalhas olímpicas, fez decolar a sua carreira internacionalmente e ganhou muito dinheiro, mas isso depois de anos de treinamento e preparo no anonimato.

A grosso modo, se calcularmos o percurso que ele correu em tempo decorrido em provas oficiais, podemos dizer que ele correu menos de 2 minutos e ganhou US$ 32,5 milhões! A isso nós chamamos *resultado*, e quem quer resultados admiráveis precisa se conscientizar de que estes são frutos de investimento e dedicação. E qual foi o investimento e a dedicação do Bolt? Ele treinou durante vinte anos até chegar aonde chegou, começou treinando e correndo sem tênis. Hoje, todos admiram a avaliam o que ele "entregou" como resultado dos anos em treinamento.

Nós vivemos em uma sociedade imediatista, e devo advertir você para não negligenciar o tempo necessário dos primeiros anos no preparo para o sucesso de uma vida. Esse sucesso poderá acontecer rapidamente quando você estiver preparado.

Os profissionais "Bolt" são aquelas pessoas fantásticas, que trabalham felizes. São admirados, éticos, têm energia e brilho, buscam a sua melhor versão, buscam seus objetivos.

Em minhas palestras, eu costumo usar uma ilustração sobre os super-heróis, para que as pessoas percebam que até esses personagens entenderam a necessidade de interdependência. Quando eu era jovem, os super-heróis apareciam sozinhos: Capitão América, Capitã Marvel, Thor, Hulk, Homem de Ferro, Pantera Negra, Motoqueiro Fantasma. Então eles formaram os *Avengers* (ou Vingadores), porque perceberam que sozinhos não conseguiriam vencer os inimigos, que tinham se tornado mais fortes, mais astutos, mais maliciosos. Uniram forças e superaram desafios. E a concorrência não é assim? Portanto, quem se aventurar numa jornada de independência será, em breve, engolido pela concorrência. Una-se, junte forças e supere os seus desafios pessoais.

É interessante notar como podemos extrair outras lições dos Vingadores. Por exemplo, o Capitão América e o Homem de Ferro não "se bicam"; eles não se dão muito bem, mas nem por isso procuraram a independência, abandonando o grupo; ao contrário, ambos se respeitam, o que nos mostra que é possível (e até esperado que isso aconteça!) pertencer a uma equipe, mesmo que a gente não "morra de amores" por alguma pessoa do grupo. O fato de não simpatizarmos com uma pessoa não significa que devemos desrespeitá-la, nem que não possamos admirá-la profissionalmente, diante das qualidades que a tornaram apta a compor a mesma equipe que nós.

O Hulk é um sujeito impetuoso, de força bruta, atabalhoado, que precisa ser dirigido para que faça bem o seu trabalho. Se deixarmos por conta dele, o homem verde destruirá tudo e fará besteiras; mas é forte e útil na equipe, tem o seu papel definido. Os demais precisam dele.

Afinal, não podemos perder de vista o nosso foco, o objetivo definido, que é o resultado pretendido pela equipe, e não as nossas preferências individuais, o nosso clubinho, a nossa vontade soberana. Isso é coisa de gente egoísta e que não combina com espírito de equipe, nem com a nova era na qual vivemos.

Ainda sobre os super-heróis, o meu preferido é o Batman, o único que não tem poder algum. Ele é vulnerável, pode morrer se for atingido por um tiro, mas é quem paga as contas. E quando questionado sobre qual era o seu superpoder, ele respondeu: "Eu sou milionário". Eu acho essa resposta fantástica! E há quem pense que o dinheiro dele é a sua arma, quando não é. O dinheiro é apenas o facilitador. Preparo, estratégia e desafio é o que ele precisa ter, assim como cada um de nós. O dinheiro virá, seja por investidores, seja por aquisição pessoal, mas aquilo em que nós devemos nos concentrar enquanto o dinheiro não vem é o que está ao nosso alcance: preparo, estratégia e encarar os desafios.

A analogia aos super-heróis também serve para reforçar o que tenho dito sobre senso de pertencimento e sobre *high tech* e *high touch*, o que pode ser resumido na frase "nada substitui a conexão humana". Tecnologias e inovações precisam ser aproveitadas para ajudar no avanço, e não para substituir seres humanos. E, como nós estamos na era das tecnologias inovadoras, metaverso e avatares, qual nível de atenção temos dado a elas quando se trata de vendas? Um aparelho celular qualquer, mesmo sendo um modelo pequeno, que caiba na palma da mão, tem cem mil vezes mais tecnologia do que a nave que levou o primeiro homem à Lua[23].

Diante disso, a resistência às mudanças que percebo em alguns profissionais me incomoda muito. A ficha deles não caiu para o fato de que, com as Revoluções, o velho mundo não tem volta e cada vez mais seremos pressionados a extrair o máximo potencial dessas ferramentas e das novas tecnologias. Então, aqui vai o meu conselho: habitue-se, mesmo que seja aos poucos, a utilizar as ferramentas digitais disponíveis.

Você não precisa se tornar o Zuckerberg[24] da vez, mas comece criando uma base de clientes, uma base de dados, reunindo informações, nem que seja numa planilha de Excel ou num aplicativo gratuito baixado na internet. Garanto que pouco a pouco você irá avançar nisso e tomar gosto pelas mudanças, porque nenhuma tecnologia existe para nos atrapalhar. Eu nunca vi uma inovação tecnológica atrapalhar a vida das pessoas, a não ser aquelas que são acomodadas e resistentes aos avanços que o mundo experimenta. As tecnologias surgem para facilitar a nossa vida e nós precisamos assimilá-las no cotidiano.

Ser um profissional *accountability* nessa nova realidade é fugir dos modelos defasados e que não entregam aquilo que todos, profissionais e empresas, esperam; ser um profissional *accountability* é fugir de simplesmente atingir um resultado esperado e buscar metas e objetivos claros.

---

23 CANALTECH. *Seu smartphone seria poderoso o suficiente para te levar até a Lua?* [s. l.], 2019. Disponível em: https://canaltech.com.br/espaco/seu-smartphone-seria-poderoso-o-suficiente-para-te-levar-ate-a-lua-144515/>. Acesso em: 9 out. 2021.

24 Uma referência a Mark Zuckerberg, empresário norte-americano que ficou conhecido por ser um dos fundadores do Facebook, a rede social mais acessada do mundo.

Importa criar os resultados, preocupar-se com eles, não somente chegar a um resultado e depois nunca mais alcançá-lo: vendas não são um evento! O resultado que você alcançou hoje não é o mais importante, porque a sua carreira precisa seguir, a sua vida também, de modo que você deve, incontornavelmente, pensar a longo prazo, ter responsabilidade com os resultados e as suas consequências. Isso é *accountability*.

Quando digo, portanto, que você deve colocar um "re" na frente de palavras – por exemplo, pensar, definir, vigorar, alocar, estruturar, ver e imaginar –, é porque a sua mentalidade precisa mudar diante de conceitos que parecem próximos, porém distintos, como preço e valor, vendedor e gestor de negócios, produto e serviço, atuar e planejar, reter e manter, vender e se relacionar, atender e entender, fazer muito e fazer certo, faturamento e rentabilidade.

Sugiro que depois desta leitura, você pare e reflita sobre o que está implicado nestas palavras, quais conceitos e realidades elas representam para você, para a sua carreira e para o segmento em que você está trabalhando. Acredito que isso deverá acender uma luz em sua cabeça e torço para que ela ilumine a sua jornada.

Posso muito bem ilustrar isso com uma frase exemplar do Walt Disney, que diz: "O que quer que você faça, faça bem-feito. Faça tão bem-feito que quando as pessoas o virem fazendo, elas queiram voltar e ver você fazer de novo, e queiram trazer outros para mostrar o quão bem você faz aquilo que faz".

Isso resume bem o tipo de mentalidade que eu admiro em um profissional, ainda mais em um profissional de vendas, em um gestor!

Mas quero fazer mais que isso, quero ajudá-lo a ser melhor.

"Você é uma marca viva emitindo sinais o tempo todo, isso é o que gera a percepção de você como um profissional, e percepção é realidade". Há mais de duas décadas, escutei isso pela primeira vez de um aluno que acabou se tornando um grande amigo, Arthur Bender. Ele é um dos mais completos profissionais de comunicação e planejamento de marca que conheço. Desenvolveu o conceito, hoje amplamente divulgado, com muita gente falando e escrevendo sobre isso; mas o "pai da criança" é esse sujeito genial que me brindou ao fazer o meu plano de carreira – ele é o meu *Personal branding*. O trabalho dele permitiu que eu me conhecesse melhor, alinhasse meus objetivos, corrigisse minha rota, possibilitando, inclusive, que eu trilhasse o caminho de palestrante.

Quero compartilhar com você um pedacinho do autoconhecimento que ele me passou para alavancar a sua carreira. E sugiro que conheça as obras do Bender, como *Personal branding*[25] e *Paixão e significado da marca*[26], entre outras.

Lembre-se: criticar é fácil, dizer sobre você é difícil, muito difícil. Portanto, é fundamental ter a máxima atenção e empenho.

- Descreva um sonho a ser realizado nos próximos anos, que sintetize as metas e os objetivos (pessoais e profissionais) planejados (em cinco linhas, no máximo);
- Qual é, na sua avaliação, o seu principal diferencial competitivo hoje no mercado, entre outros tantos profissionais de sua área? Refiro-me àquela diferença que você acredita fazer no mercado. Resuma isso em uma ou duas frases;
- Qual é o seu ponto fraco como profissional? Qual é a sua maior fragilidade perante o mercado em que você atua? Cite uma ou mais, se houver.

---

25 BENDER, Arthur. *Personal branding*: construindo sua marca pessoal. São Paulo. Integrare, 2015.

26 BENDER, Arthur. *Paixão e significado da marca*. São Paulo. Integrare, 2015.

Visão de mercado

Quais são, no seu entendimento, as maiores ameaças de mercado à sua atual posição? O que o assusta? O que está acontecendo e que você não se sente preparado (como profissional) para enfrentar nos próximos anos?

- Reflita sobre tudo o que o incomoda na sua atual posição. Faça uma lista com adjetivos, ou em forma de frase ou um parágrafo. Isso é o que você quer mudar;
- Agora pense sobre seus valores pessoais. O que você não abriria mão de modo algum por maior que fosse o salário e por mais atraente que fosse a proposta? Esses são os seus valores morais e éticos. Eles são o seu balizador para avaliar onde você está.

Avaliação de forças e fraquezas

Nas duas colunas a seguir, coloque Ativos de um lado e Passivos de outro. Nelas, liste pelo menos seis pontos positivos (fortes) e seis pontos de melhoria (fracos). Reflita muito sobre esta lista.

ATIVOS	PASSIVOS
1.	1.
2.	2.
3.	3.
4.	4.
5.	5.
6.	6.

Descreva-se como se você fosse uma *marca*, como se estivesse redigindo um *slogan* de produto. Pense qual é o seu maior apelo. Pense sobre qual é o seu maior diferencial, como marca profissional. Escreva essa frase.

___
___
___
___
___
___
___

Análise da situação atual

Descreva sua situação atual, no máximo, em cinco linhas. Essa descrição é um apanhado geral de como você é, de como você se sente e o ponto onde você está neste momento na sua carreira.

___
___
___
___
___
___
___

Visão e objetivos

Tente visualizar a marca VOCÊ e reflita sobre onde VOCÊ deseja chegar nos próximos dois, cinco e dez anos. Pense em termos salariais, cargos, posições, projetos, carreira.

Em dois anos:
___
___
___
___

Em cinco anos:
___
___
___
___

Em dez anos:
___
___
___
___

Descreva VOCÊ no futuro:

_____
_____
_____
_____

Faça uma linha do tempo e assinale na ponta esquerda a data de hoje e na ponta direita uma data adiante, lá na frente (a dos seus objetivos). Tente relacionar eventos e mudanças que devem e podem contribuir para você chegar lá.

Reflita sobre as mudanças que você precisa fazer, como investimentos pessoais e estabeleça metas e prazos com datas especificadas nesta linha.

Visualize sempre essa linha do tempo e estabeleça suas prioridades nesses pequenos movimentos entre uma data e outra. Pense em ações táticas e numa trajetória passo a passo rumo ao objetivo maior adiante.

|_____|_____|_____|_____|_____|_____|_____|_____|

Mãos à obra! Isso é só o começo do plano de ação da sua vida! E se você não se dispuser e não se empenhar em fazer isso em benefício da sua própria trajetória, dificilmente conseguirá fazê-lo em prol de uma empresa.

> **Pode parecer muito básico, mas uma vez que estamos falando sobre a gestão de vendas, que se tenha clareza sobre o que é vendas e o seu processo.**
> *Claudio Tomanini*

5.
O que são vendas?

As atividades na área de vendas são muito mais do que a administração de transação com o mercado, técnicas de vendas e negociação. Representam um conjunto de estratégias que devem ser realizadas após a elaboração de um plano de vendas, considerando a utilização das ferramentas disponibilizadas pelo marketing e contemplando a análise e as definições de caminhos estratégicos da empresa, alinhados a competência, visão, missão e valores, que, por sua vez, devem estar juntos com os objetivos de curtos e médios prazos traçados nos planos de marketing.

Das políticas, a que mais influencia vendas diz respeito ao seu formato comercial.

Para sua prática, algumas ações devem ser consideradas:

- Desenvolver uma análise minuciosa para conhecer a própria empresa na sua área/região de atuação, identificando os pontos fortes e os fracos, as ameaças e as oportunidades no mercado;
- Identificar oportunidades com os clientes e as empresas que estiverem no mercado;
- Manter relacionamento com todos os clientes, em todos os níveis, e com pessoas que possam decidir ou influenciar a compra;

- Elaborar propostas claras que possam gerar, além de negócios duradouros com rentabilidade assegurada, respeito e confiança dos clientes;
- Negociar com os clientes, trazendo rentabilidade e percepção de valor;
- Identificar, em cada cliente, oportunidades de novos negócios, bem como maior utilização dos produtos/serviços adquiridos;
- Acompanhar as atividades internas e externas relacionadas a satisfação e ampliação da utilização dos produtos/serviços oferecidos aos clientes;
- Manter relacionamento pós-venda com os clientes, para novos negócios a longo prazo;
- Avaliar a satisfação do cliente com relação aos serviços prestados;
- Avaliar a possibilidade de criar novos produtos que possam gerar mais rentabilidade para a empresa no futuro; avaliar e entender que nem sempre volume de vendas é sinônimo de lucratividade.

Conforme mencionei anteriormente, é a multidirecionalidade e interligação de informações de mercado, a comunicação com esse mercado e de políticas internas que irão distinguir as atividades de vendas de uma empresa e de sua concorrente. Essa postura competitiva vai traçar o que chamamos de cenário para vendas.

Pode parecer muito básico, mas uma vez que estamos falando sobre a gestão de vendas, que se tenha clareza sobre o que é vendas e o seu processo. Nós podemos esclarecer isso usando o milenar método socrático da maiêutica. Sócrates, um dos maiores filósofos da Grécia Antiga, conduzia os seus discípulos, os candidatos a filósofos, ao entendimento de questões profundas por meio de perguntas. Maiêutica é o nome que se dá ao método socrático e funciona como o processo de parir, dar à luz.

Sócrates sabia que seus alunos poderiam e deveriam chegar ao entendimento mais elevado por conta própria, isto é, deveriam aprender a pensar por si, e não depender do pensamento de terceiros. Isso tem a ver com criatividade, com pensamento crítico, com imaginação, e deve nos ajudar, no século XXI, a melhorar a nossa percepção e reflexão sobre o negócio em que estamos envolvidos.

Assim, posso fazer algumas perguntas sobre o que é vendas. Muita gente ainda pensa que vender é apenas transacionar, fazer uma transação. Há um tempo isso fazia sentido, mas hoje nós temos muito mais pessoas vendendo, e nem por isso o número de clientes tem aumentado na mesma proporção. Assim, não basta executar uma transação; é preciso desenvolver a relação com o cliente.

Quando me refiro à relação, não estou pensando no relacionamento interpessoal entre o vendedor e o cliente. Isso é necessário e bacana, mas não é apenas isso. Estou me referindo, portanto, a algo mais amplo, isto é, no relacionamento empresarial que se estabelece quando a empresa e os departamentos envolvidos com a área comercial[27] querem saber mais sobre seus clientes. Por isso, faço perguntas como:

- Quem é o meu cliente?
- Ele compra de quem além de mim?
- Qual é a capacidade de compra que ele suporta?
- Quantos por cento de sua capacidade de compra estão comigo e quantos por cento estão com o meu concorrente?
- Quais medidas devo adotar para aumentar a minha participação na capacidade de compra do meu cliente?
- Quais são os meus concorrentes?
- Qual é a taxa de crescimento do segmento em que o meu cliente atua?
- Com quem o meu cliente compete?
- Qual *market share* meu cliente pretende atingir?

---

27 Isso inclui o setor de produtos e desenvolvimento, que recebe do comercial o *feedback* sobre as demandas e necessidades dos clientes e do mercado para desenvolver soluções.

Essas e outras questões podem me indicar o perfil do cliente (o *buy persona*), para desenvolver as estratégias adequadas para alcançar os resultados pretendidos. Assim, então, poderemos identificar quem é a pessoa, o profissional de vendas apropriado, com perfil indicado para aquela realidade. Quem eu selecionarei para atender esse cliente? Será um *cluster*[28], um *hunter*[29] ou um *farmer*[30]?

Outra questão de peso é sobre o potencial de compra. Para a maioria das empresas, o bom cliente é aquele que traz mensalmente maior faturamento em termos absolutos, que é o valor do pedido que ele faz. Mas quem é o bom cliente em potencial de compra?

Pode acontecer de um cliente estar sendo valorizado pelas compras que faz, no entanto, há outros critérios que deverão ser considerados na hora de diversificar as frentes de ações do departamento comercial. O cliente que a equipe chama de cliente A, o que dá maior faturamento para a empresa, pode ter chegado ao seu limite de capacidade aquisitiva, mas há outro cliente que hoje compra menos, cuja capacidade ainda está para ser mais bem aproveitada; ele tem alto potencial de compra que a empresa não está sabendo extrair no seu relacionamento. Ele realiza uma parte de suas compras no concorrente, de modo que a empresa precisa entender as razões disso e criar uma estratégia para aumentar a sua participação no processo.

Outra situação recorrente dentro de um departamento comercial é a da carteira de clientes inativos. Há quem diga que tem X clientes ativos e Y clientes inativos. Ora, não existe cliente "inativo". Um cliente é

---

28 *Cluster* (grupo, em inglês) é uma estratégia de marketing para segmentar o público-alvo em grupos com características em comum e, assim, melhorar os resultados de vendas.

29 Como o nome sugere, *hunter* (caçador) é o vendedor cujo perfil é de caçador de clientes, prospecção no sentido estrito do termo.

30 Por sua vez, *farmer* (fazendeiro) é o vendedor cujo maior potencial é o de cultivador de clientes. Esse vendedor é aquele que se adequa melhor com vendas periódicas e recorrentes. É o típico vendedor mantenedor de clientes.

inativo caso morra ou feche as portas. Se ele está ou é inativo, significa que você não poderá contar com ele como cliente, propriamente dito.

Clientes que não trazem faturamento para a empresa não são clientes, são *prospects*, e precisam ser visitados, precisam ter suas necessidades compreendidas, e a empresa precisa atendê-los em suas demandas para que se tornem clientes de fato! Se um cliente chamado inativo o é para a sua empresa, mas não para a sua concorrência, porque ele está comprando dela, deve então ser chamado de cliente em potencial, mas nunca de cliente inativo. Se as portas da empresa dele estão abertas, ele está comprando de alguém que não é você.

Se no passado aprendemos nas aulas de marketing que todo cliente é importante, hoje, em vendas, nós sabemos que isso mudou. Quando nós olhamos para o *Life Time Value* (LTV)[31] do nosso cliente, sabemos qual é o seu comportamento, a sua capacidade de aquisição e o seu potencial a ser explorado, mensuramos o *share of wallet*[32]. Sabemos quais são os clientes que garantem as nossas metas e por onde devemos ir quando essas metas são elevadas.

A partir desses dados, sabemos que há clientes mais representativos do que outros, porque conhecemos o perfil de cada um deles, o relacionamento corporativo nos diz isso e os indicadores comprovam o fato. Isso está metrificado e não é baseado na simpatia que sentimos por esse ou aquele.

Aqui você tem um exemplo de como usar o LTV, essa poderosa ferramenta:

---

31 LTV é o valor que um cliente retorna em longo prazo. É uma métrica valiosa para as empresas com vendas recorrentes/com repetição. LTV define qual é o valor de um cliente para uma empresa durante todo o seu relacionamento.

32 Parcela do orçamento de um cliente que é gasta com os produtos ou serviços de sua empresa.

LTV = ticket médio das vendas × número de compras do cliente ao longo do tempo (podem ser usados dados históricos, se existirem, ou estimar o número mensal de compras e a média de retenção/permanência prevista para este cliente na sua carteira).

Exemplo: se o ticket médio de vendas é de R$ 3.000,00, a média mensal do cliente é 24 meses (retenção/permanência), o LTV será de R$ 72.000,00. Esse é o valor que este cliente vale para sua empresa.

Seguem alguns pontos que podem ajudar a melhorar o LTV de seus clientes:

- Estratégias de retenção para aumentar o tempo de permanência do cliente (monitorar satisfação em toda a cadeia de negócios com o cliente, *Net Promoter Score* – NPS);
- Usar o mapa de oportunidade para saber quais outros produtos/serviços poderiam ser adquiridos pelo cliente (*cross-selling*) ou fazê-lo usar mais o produto/serviço já adquirido (*up-selling*);
- Segmentar a carteira por necessidades, a Curva ABC de faturamento, a Curva ABC por potencial de compra.

Esses são alguns exemplos, e a intenção é fazer você, leitor, pensar e desenhar estratégias para aumentar o faturamento imediato, a rentabilidade, e promover uma relação com esse cliente a longo prazo.

Balanced scorecard

O conceito de *balanced scorecard*[33], muito usado por agentes financeiros (os bancos), aplica notas a cada cliente a partir dos seus próprios indicadores. Assim, o relacionamento é desenvolvido visando aumentar a parcela de participação desse cliente na aquisição dos produtos ou serviços oferecidos pela empresa, mas que o cliente ainda não utiliza. No decorrer de um período, os indicadores vão dizer se a avaliação feita inicialmente sobre o cliente deverá ter mantida ou alterada, para cima ou para baixo, em função do comportamento conforme o relacionamento corporativo.

Assim, o *balanced scorecard* desmistifica percepções equivocadas de que o simples relacionamento interpessoal e a "simpatia" pelo cliente podem criar. Com isso, favorece os clientes com melhores relacionamentos demonstrados pelos indicadores, dando as melhores condições para que ele aumente a parcela de aquisição dentro da empresa. Com isso, se elevam os nossos resultados sem haver necessidade de mais investimentos (custos) para a aquisição de novos clientes – não que esses investimentos sejam dispensáveis, uma vez que eles poderão ampliar os nossos resultados além daqueles que podemos obter domesticamente, isto é, com a base de clientes existente e ativa (evidentemente).

Um erro comum que o *balanced scorecard* pode ajudar a corrigir é a concessão indiscriminada de descontos para que determinados clientes façam pedidos ou fechem contratos. Costuma-se argumentar que "o nosso produto está caro", mas por vezes isso é mera repetição.

---

33 *Balanced scorecard* (indicadores balanceados de desempenho, em tradução livre) é uma metodologia de medição e gestão de desempenho desenvolvida em 1992 pelos professores da Harvard Business School, Robert Kaplan e David Norton. É um modelo de gestão estratégica utilizado para desmistificar a ideia de que o sucesso de um negócio vem ao se focar unicamente nos indicadores financeiros e contábeis, quando há mais fatores envolvidos. Ele serve para definir estratégias e desenhar planejamentos de maneira muito mais abrangente.

Quando comparamos o nosso produto com o da concorrência, salta aos olhos as razões pelas quais a diferença de preço se justifica, bem como os pontos fortes e fracos que precisamos conhecer.

Custo de aquisição de clientes

O custo de aquisição de clientes (CAC)[34] é uma métrica muito utilizada por bancos. Olhe a rentabilidade dessas instituições a cada trimestre e como isso pode ensinar as empresas sobre a importância de os indicadores serem levados a sério! Tendo clareza da real situação que o vendedor está encontrando, evitam-se gastos com promoção e divulgação de produtos ou serviços para clientes que não necessitam daquilo que está consumindo recursos, seja da área comercial, seja da área de marketing, e elevando o CAC. Mas quem está lendo diariamente esses indicadores? Basta ver as empresas cuja saúde financeira tem melhorado a cada dia e você logo saberá a diferença entre aquelas que estão levando a sério as novas práticas de gestão de vendas.

O CAC deve ser calculado mensalmente. A fórmula é CAC = investimento em marketing + investimentos em vendas (aqui deve-se incluir salários, encargos, comissões, prêmios, ferramentas, infraestrutura, eventos, treinamentos, convenções, benefícios) dividido pelo número de *novos* clientes.

Quando temos bastante claro o LTV desse cliente, é possível avaliar com precisão e inteligência se precisa de descontos, qual a porcentagem a ser concedida ou se não deve receber qualquer benefício para fechar uma compra, e qual a estratégia alternativa para

---

[34] Métrica tanto financeira como da área de marketing e vendas que aponta o gasto médio de todos os seus esforços para adquirir um cliente. Mede quanto um cliente custa para ser convertido. Quanto menor o CAC mais lucro você tem com uma venda.

evitar a concessão de descontos naquele momento ou que o desconto se torne o único meio a determinar que o cliente compre.

A gestão de vendas, se for conduzida sem inteligência, pode contratar qualquer profissional (que não será profissional de fato) e conceder descontos indiscriminadamente, chegando a efetuar uma ou outra venda. Mas a gestão estratégica de vendas que usa de maneira eficiente os recursos disponíveis, que pensa o seu negócio e o encara com seriedade, visando à longevidade da sua companhia, sempre obterá os melhores resultados; não tenha dúvida disso. Por isso, é fundamental que todos os gestores se preocupem e usem continuamente métricas do negócio para que possam tomar decisões inteligentes, e não pelo *felling*, quase sempre inconsistente.

> Se as pessoas gostam de você, elas o escutarão, mas se elas confiarem em você, farão negócios com você.
> *Zig Ziglar*

6.
A gestão de vendas: uma visão geral

Vendas têm sido o meu mundo, a minha paixão, e posso dizer que tudo o que eu tenho, eu devo às vendas. O meu mundo gira em torno delas: eu já vendi, fiz a gestão, o planejamento, dei consultoria em vendas e sou professor e palestrante sobre esse tema. Esse é o assunto da minha vida, além da paixão pelos meus filhos e por vinhos.

Nesse contexto, de todas as possibilidades, a gestão de vendas é a área que exerce certo fascínio, certa "compulsão" moderada, se isso não for um paradoxo. E já digo a razão. Meu sonho era ser médico, e não o realizei por falta de recursos financeiros. Eu sabia que o caminho mais breve para levantar recursos era trabalhar na área de vendas, e sempre escutei que, em vendas, "o céu é o limite" (ao longo da minha carreira nessa área, descobri que isso era mentira. A frase certa é: "ao infinito e além").

Alguns laboratórios abriam vagas em seus programas de recrutamento. Eu me candidatei e fui escolhido para o programa na empresa Janssen-Cilag, uma divisão farmacêutica da Johnson & Johnson.

Na Janssen, passei por vários desafios na área comercial. Eu havia conseguido preencher uma vaga com um excelente salário, carro da empresa e demais benefícios. À época, eu era um garoto, com 21 anos de idade, vindo da periferia de São Paulo, da região do Campo Limpo, fazia faculdade com 50% de bolsa e penava muito para poder pagar a outra metade das mensalidades. Para isso, eu trabalhava como DJ em festas aos fins de semana e em uma rádio como locutor de um programa de músicas românticas. Apresentava um programa da meia-noite às cinco da manhã e saía da cidade de Taboão da Serra diretamente para a faculdade. Aquilo se tornou inviável, tanto do ponto de vista financeiro como físico. Era desgastante demais, desumano, você há de convir.

Mas na prática era uma escolha pela sobrevivência: ou morrer trabalhando e estudando quase 24 horas por dia ou trabalhar em uma grande empresa com salário bom e benefícios desejáveis. Optei pela segunda alternativa e rigorosamente tudo o que eu tenho, sem exagero, devo aos anos trabalhados na área comercial. A indústria farmacêutica foi meu *start*, me recebeu, me acolheu e foi onde aprendi a trabalhar com relatórios, métricas e planejamento. Só para lembrar, isso foi no início da década de 1980 e ainda hoje vejo gente dizendo: "Relatórios para quê?", "Métricas por quê?", "Planejamento... será?". Enfim, no início da década de 1980 já se utilizavam esses recursos... e quem não se enquadrava nessa política, não ficava na empresa.

Fiz carreira nessa área, fui vendedor júnior, pleno, sênior, supervisor, gerente de vendas, gerente de marketing – aliás, um dos grandes tiros certeiros na minha vida foi entrar na pós-graduação em marketing em meados dos anos 1980. Depois cursei comunicação e especialização em planejamento estratégico. Não consigo imaginar um executivo de vendas que não tenha conhecimento profundo de marketing e suas ferramentas para elaboração de estratégias.

Portanto, leitor, se quer se consolidar na fantástica carreira de vendas, saiba que terá de navegar nas águas do marketing, pois sem isso você não saberá adequar as ferramentas ao complexo e fascinante mundo da gestão de vendas. Mas só isso não basta. É necessário conhecer estratégia, entender de tecnologia, ter boa oratória, liderança situacional, resiliência, ser atento à economia e à interferência em seu segmento, entender de comportamento humano... ufaaa... e certamente daria mais algumas linhas de recomendações, mas, no momento, ficaremos por aqui.

A gestão de vendas antes era referida exclusivamente à condução da força de vendas (avaliação das metas de cada vendedor e monitoramento da performance e comportamento). Mas, com a evolução comercial, ela passou a englobar todas as atividades relacionadas, como marketing, publicidade, pesquisa, distribuição, preços e produtos, entre outras. Em palavras simples, a gestão de vendas organiza metas por meio de planejamento, treinamento, liderança e gerenciamento de recursos da sua empresa.

Uma boa gestão, portanto, deve fornecer soluções centradas no esforço de vendas – planejamento, estratégias, processos e execução de atividades – e, se a dividirmos em três pilares, são eles:

1. Operações de vendas.
2. Estratégia de vendas.
3. Análise de vendas.

Gestão de vendas compreende todas as ações necessárias para planejar metas e KPIs de vendas, contratar e treinar vendedores, motivá-los, fornecer *feedbacks*, gerenciar a equipe, fornecer os produtos e serviços para atender as demandas dos clientes da melhor forma – inclusive por meio do atendimento e do pós-vendas e, assim, conquistar, reter e fidelizar clientes para alcançar os objetivos estratégicos do negócio.

Estou certo de que por uma questão natural, os meus dois filhos adultos estão na área de vendas, e o meu caçula, que sequer chegou aos 8 anos de idade ainda, disse que quer ser empresário para poder dar ordens, ganhar mais e contratar os irmãos para vender.

Vendas é algo fascinante! No conceito *kotleriano*[35], ela estava dentro dos 4 Ps. Os 4 Ps do marketing definem os quatro pilares básicos de qualquer estratégia de marketing de sucesso: Produto, Preço, Praça

---

35 Conceito criado por Philip Kotler, professor universitário norte-americano de marketing internacional na Kellogg School of Management, na Universidade

e Promoção. São também chamados de *mix* de marketing. Dentro do pilar Promoção, um dos subitens era Vendas. Mas isso mudou, e muito.

Hoje, vendas fazem parte das estratégias corporativas, envolvendo as decisões de CEOs e dos acionistas. Eles definem quanto esperam que a empresa fature, quanto esperam que ela cresça, qual a taxa de rentabilidade, quanto esperam que seja investido etc. Esses dois elementos – vendas (faturamento) e rentabilidade – dependem da área comercial e do pessoal de vendas. Veja como são as coisas: o patinho feio da empresa tornou-se o grande cisne dentro das organizações. E antes de continuar com as grandes mudanças de vendas, cabe lembrar que os 4 Ps (tadinhos, ficaram fraquinhos) foram revitalizados com 4 Cs: Consumidor, Custo, Comunicação e Conveniência, e ainda evoluindo para os 4 E's: *Experience* (Experiência), *Exchange* (Troca), *Evangelism* (Evangelização, ou seja, fazer discípulos) e *Everyplace* (Estar em todos os lugares).

Isso nos ensina, por exemplo, que não basta ter uma grande ideia se ela não for exequível, se não trouxer valor e os resultados esperados pelos acionistas. Assim, não basta se empenhar ardorosamente pelas tais "técnicas de vendas", porque elas não deverão resolver o problema das empresas. Confiar apenas em "técnicas" é arranhar a superfície do problema, sem se aprofundar nas questões envolvidas.

Não será o tema "impressionante" de uma palestra motivacional, nem a performance do palestrante que farão surgir os resultados esperados no fim do mês. Acredite nisso! Vendas envolvem estratégia e planejamento, não apenas técnicas de abordagem ou estímulo emocional.

É preciso mergulhar fundo no processo e compreender que vender é continuado, precisa ter seguimento. Não aceito a ideia de que vender seja algo que se faça hoje para um cliente, com o qual nunca mais fecharemos um pedido novamente. A rotina do vendedor e do gestor não é acordar "motivadão", empoderado, alto-astral, acreditando no sucesso. É sentar-se, analisar,

---

Northwestern. Ele obteve seu mestrado na Universidade de Chicago e seu PhD no Instituto Tecnológico de Massachusetts (MIT), ambos em economia.

compreender, projetar, montar a estratégia e obter resultados neste mês, porque as contas chegam e os acionistas cobrarão a parte deles.

Quando virar o mês, acontecerá a mesma coisa: dentro de trinta dias, você terá que apresentar resultados novamente. Por isso, acredito que haja uma ciência envolvida no processo, e ela envolve dados, pesquisa, interpretação, teorias, tecnologias, treinamento, técnica e raciocínio lógico.

Todo processo é aprendido e, sendo vendas um processo, esqueça a ideia de que vendedores e gestores de vendas nascem prontos ou que se fazem no dia a dia das rotinas de vendas. Não! Eles se constroem ao longo da vida com estudo constante, informação, tecnologia e muita dedicação. Apenas para que você tenha uma ideia, os grandes profissionais atuantes na área de vendas que eu conheço são pessoas com profundo conhecimento técnico e vieram de áreas como engenharia e desenvolvimento de produtos e afins, tamanha a exigência que o mercado passou a assumir.

Assim, as empresas atentas a essa evolução e às exigências do mercado requerem que seus gestores de vendas atendam certas exigências relativas às qualificações para cargos de gestão. E o que é que nós encontramos à disposição nesses casos? Encontramos pouquíssima qualificação ainda. Então, aí vai um *checklist* para você pensar e realizar:

- Na avaliação da gestão de vendas da sua empresa, responda de forma clara e precisa. Se o seu conhecimento for parcial ou incompleto, pesquise, levante, busque informação. Enfim, vire-se, pois, sem isso, nem de perto você é ou será gestor. Sem essas informações você não está gerindo nada, você está tocando, e, cá entre nós, tocando bem mal. É como navegar em um barco sem rumo e sem leme, rezando para não afundar. A avaliação deverá contemplar ao menos doze meses.
- Quais produtos ou serviços sua equipe "performa" melhor?
- Quais produtos e serviços são prioritários para melhor performar em vendas com base na estratégia corporativa?
- Quais produtos e serviços apresentam as melhores rentabilidades?

- Os produtos mais performados pela sua equipe são os de melhores rentabilidade?
- Quais segmentos de mercado sua equipe/você vende mais e quais rentabilizam mais?
- Quais as principais oportunidades de mercado que sua equipe deveria explorar?
- Existe um planejamento de vendas, escrito e detalhado? Como é feito? Por quê? Quem monitora/ajusta e com qual periodicidade?
- A gestão de vendas na sua empresa é estratégica ou só cuida do dia a dia da operação para saber se vai fechar a cota do mês?
- Como é feito o gerenciamento da sua equipe? Os processos e procedimentos são claros e compreendidos por toda a equipe?
- Quais controles são usados para gerenciar os resultados? Você tem esse controle por vendedor, por região e por *mix* de produtos?
- Possui e monitora o *pipeline* de vendas?
- Quais são seus clientes mais valiosos? O que está fazendo para mantê-los satisfeitos?
- Tem definidos os indicadores-chave de performance (KPI's)?
- Monitora e gerencia sua equipe usando esses dados?
- Possui *software*/Inteligência Artificial (IA) para gerenciamento da força de vendas ou um *Customer Relationship Management* (CRM ou gerenciamento do relacionamento com os clientes)? Usa integralmente sua equipe e está familiarizado com a ferramenta? Faz análises com essas informações e gera planos de ações?
- Possui um *dashboard* centralizado e estruturado com as informações necessárias para direcionar/alinhar toda a equipe comercial?

Eu poderia formular mais uma dezena de perguntas, mas aqui já tem um bom ponto de partida para trilhar uma gestão de vendas 5.0.

Recebo pelo menos duas vezes por semana requisições de empresas nacionais e multinacionais por candidatos qualificados para preencher vagas de gerentes e diretores de vendas, com rendimentos entre vinte e trinta salários-mínimos, além de benefícios e prêmios. É grande a dificuldade em selecionar bons candidatos para indicar para essas empresas. As dificuldades variam.

Por exemplo, elas podem ser conferidas numa entrevista simples. Quando questionados se conhecem a formulação de políticas comerciais para organizações, o desconhecimento que esses profissionais demonstram pode aparecer na resposta "Sim, conheço". A pergunta seguinte é: "Qual é a estrutura?". Se eles responderem "Depende", já estão desqualificados, porque todo gestor de vendas que conhece o caminho da formulação de tais políticas deve saber que "não depende" de nada, pois se a organização existe a estrutura também já existe, está lá. É preciso analisar a estrutura existente e formular as políticas adequadas.

Aqui vale lembrar que, até então, não existe nenhuma literatura que defina o passo a passo para a elaboração de uma ferramenta de gestão de vendas das políticas comerciais. O professor Luis Carlos Sá, coordenador do MBA da Fundação Getúlio Vargas (FGV), e eu, há mais de duas décadas, fizemos um serviço de consultoria para determinada empresa no segmento de plásticos, em Belo Horizonte (Minas Gerais). Dentre muitos trabalhos que realizamos para reestruturar a área comercial, criamos uma metodologia que até então não havia sido sugerida por nenhuma outra empresa de consultoria no Brasil. Ao longo dos anos, incluímos esse assunto como matéria do MBA em Gestão Comercial. Pessoalmente, implantei o processo em muitas empresas nacionais e multinacionais, com enorme sucesso.

Aqui, você será brindado com um tutorial que mostra como se pode e se deve usar isso em uma empresa. Claro que esse assunto merece um livro à parte, num futuro próximo, que o professor Luis Carlos e eu faremos. Mas aqui vai o coração da Política Comercial como ensinamos aos nossos alunos e clientes:

Política Comercial é um conjunto de regras comerciais baseadas nos objetivos da empresa, que estabelece a forma de atuar dessa empresa e seus limites.

Política Comercial não é um Plano Estratégico de Vendas ou um Plano Operacional de Vendas, apesar de ter o primeiro como referência e o segundo como resultado dos limites aqui orientados. Estabelece uma regra atemporal e só deve ser mudada como reflexo de variação significativa dos objetivos da empresa.

Política Comercial é a referência para que todos na empresa, não só da área comercial, tenham a orientação de como proceder nas tomadas de decisão tanto para o público interno como para o externo independentemente da sua área de atuação.

A formulação da Política Comercial se preocupa com todas as atividades, processos e decisões envolvidos na função de vendas em uma organização. Ela envolve o planejamento do programa de vendas e de execução, controlando o esforço da equipe de vendas da empresa.

Formulação de políticas comerciais são as descrições das práticas comerciais que uma empresa usa para se relacionar com seus clientes de forma padronizada, incluindo normas e procedimentos de vendas, perfil dos profissionais de vendas pretendidos, objetivos, políticas de contratações e remuneração, processos para conhecimento da carteira e dinâmica das estratégias pretendidas.

A implantação de políticas comerciais é algo extremamente importante para o ótimo funcionamento do negócio. O gestor comercial precisa compreender como articular diversos aspectos relacionados a venda de produtos, distribuição de áreas, perfil do profissional de vendas, descontos e bonificações, entre outros, para criar as regras que irão direcionar o processo comercial da empresa.

No Anexo, apresento o tutorial "Proposta de Política Comercial" que poderá auxiliar você na montagem ou no aperfeiçoamento da sua proposta de formulação de uma política comercial viável e eficiente.

Em vendas isso jamais acontece. Não é admissível um vendedor chegar da visita ao cliente e o gestor ou o acionista perguntar como foi a negociação e obter a resposta: "Olha, eu prospectei, visitei, apresentei o produto, informei o preço e dei as condições de comercialização. Agora, para atingirmos a meta, está nas mãos de Deus".

Embora Deus sempre faça com excelência a própria parte, o que importa é o resultado entregue no último dia do mês. Se foi bom, se as metas foram atingidas, "Parabéns!". Mas, no dia seguinte, no primeiro dia do próximo mês, a tabela é zerada e o vendedor terá trinta dias corridos para repetir ou melhorar o resultado entregue no mês passado.

A cobrança acontece dia a dia, semana a semana, mês a mês, e é intensa. Por isso não dá mais para confiar em frases de motivação, em jargões marqueteiros e em confiança nos resultados apresentados em uma palestra por alguém que não conhece nem vive a sua realidade. Acabou esse negócio de "Vamos para cima", "Vamos virar o jogo", "Eu estou com vocês", entre outros gritos de guerra. É preciso acabar com o *oba-oba* das convenções de vendas e estudar o nosso negócio, conhecer as estratégias e planejar. Motivação é coisa de amador. Consistência e disciplina são para profissionais. É preciso vestir a camisa, entrar de cabeça no universo das vendas e voltar dele trazendo o que todos esperam: resultados consistentes e duradouros, isto é, bons resultados mês a mês.

O gestor de vendas 5.0 é aquele que está por dentro do seu negócio, que conhece o seu produto ou serviço, conhece os *stakeholders*[36] envolvidos e tem acesso a eles, e sabe conduzir a gestão, porque gestão é um processo.

---

36 *Stakeholder* é um termo utilizado em diversas áreas como gestão de projetos, comunicação social, administração e arquitetura de *software*. Refere-se às partes interessadas que precisam estar alinhadas com as práticas de governança corporativa executadas pela empresa.

Eu me alegro em saber que a mistificação do nosso setor vem diminuindo. Já está findando o tempo em que se acreditava em mágica para vender, em superstições que diziam que o sujeito tinha "tino para vendas".

Hoje, cada vez mais, há melhor preparo e investimentos no pessoal, nas pesquisas e nas ferramentas de inteligência de vendas. Durante o período de pandemia nós vimos isso. O custo de investimento para pesquisa e desenvolvimento (P&D) observável nas organizações é de 8% em média; já o custo de vendas está na ordem dos 15%.

O que isso quer dizer? Como uma empresa pode ter maior investimento (ou custo) em vendas do que em pesquisas que melhorariam o seu produto? Será que eles estão aplicando devidamente esses recursos? Esse custo elevado significa que as organizações estão gastando mais para fazer aquilo que deveria dar retorno. Quanto essas despesas comprometem a rentabilidade dessas empresas?

Esses números também significam que os gestores não estão preparados para extrair das ferramentas existentes a sua melhor funcionabilidade. Será que toda vez que se perde um contrato é justificável colocar a culpa no preço praticado? Está havendo uma clara compreensão do conceito de valor diante do conceito de preço? Recomendo a você pesquisar o modelo Canvas da Proposta de Valor.

O *Value Proposition Canvas* ou Canvas da Proposta de Valor é uma ferramenta desenvolvida com o intuito de explorar ainda mais profundamente os clientes por meio dos quadrantes do seguimento de cliente e proposta de valor do *Business Model Canvas*. Use o tutorial (https://empresajrespm.com.br/canvas-de-proposta-de-valor-passo-a-passo-para-criar-o-seu/) e monte a proposta de valor da sua empresa.

As equipes não estão sabendo usar recursos como a Matriz SWOT[37] ou a Matriz de Ansoff[38]?

Os gestores precisam admitir que o custo de aquisição de novos clientes, por vezes impulsionado pela ineficiência dos próprios profissionais de campo, é alto. Em geral, acredita-se que adquirir novos clientes é o caminho para ampliar receitas, quando na verdade esse potencial já está na base da carteira existente e conquistada. Isso se traduz no fato de que pelo menos 90% das vendas do período seguinte dependem dos clientes ativos, não daqueles que elevarão as despesas da companhia e são incertos do ponto de vista do planejamento!

Por isso é preciso ter claramente os dados objetivos sobre os clientes, estudá-los e extrair o potencial do que já foi conquistado e que está relativamente pago, custeado. As grandes empresas e as multinacionais têm isso em funcionamento e, como resultado, o custo de vendas delas é menor, o que se traduz em maior rentabilidade e maior aporte para a melhoria de seus produtos e serviços a partir de P&D.

Não estranhe o fato de trazer aqui esses indicadores como se eu fosse mais um acadêmico teórico, porque o conceito organizacional que tem dado certo é aquele que faz a fusão da teoria com a prática e da prática com a teoria, fundindo o melhor dos dois campos, visando aos melhores resultados para todos. Nós precisamos ter dados, parâmetros e referências seguras para trabalhar de maneira mais eficiente. Também reforço que precisamos ter processos para trabalhar de forma mais estruturada. Aqueles que não assimilarem isso continuarão no "achismo", gerando despesas ano após ano, sem trazer os resultados esperados.

---

37 Análise SWOT (sigla em inglês) é uma técnica de planejamento estratégico utilizada para auxiliar pessoas ou organizações a identificar Forças (*Strenghts*), Fraquezas (*Weaknesses*), Oportunidades (*Opportunities*) e Ameaças (*Threats*) relacionadas à competição em negócios ou ao planejamento de projetos.

38 A Matriz de Ansoff é uma ferramenta de planejamento estratégico que fornece uma estrutura para ajudar executivos, gerentes seniores e profissionais de marketing a criarem estratégias para o crescimento futuro de uma organização.

Melhorar a contratação é um dos primeiros passos que a boa gestão de vendas precisa dar para elevar o seu patamar de eficiência. Isso é rudimentar, primário e óbvio. Mas vejamos se dispomos ao menos do rudimentar, do primário e do óbvio nas empresas. Quando alguns gestores partem para uma ação de vendas, começam contratando pessoal de campo, que são os vendedores. Os requisitos que o departamento de pessoal recebe são sempre os mesmos: o vendedor tem que ser proativo, precisa conhecer o produto, deve ser altruísta e movido por desafios e coisas dessa natureza. Você percebe a subjetividade que envolve a contratação de uma das peças mais importantes do processo? Qual profissão dispensa requisitos como esses? Quase todas as profissões precisam de gente proativa, conhecedora do produto ou serviço, ser movida por desafios etc. Eu arriscaria dizer que 90% das profissões requerem essas qualificações.

Quando casos assim chegam a mim e eu pergunto qual é o *job description* desse profissional, apresentando o perfil esperado, quais os objetivos macro de suas atribuições, o que se espera que ele realize e qual entrega está sob a sua responsabilidade, o que eu ouço em cerca de 70% das empresas é que não há *job description*! O que fica claro com isso é que não fizeram um *briefing* adequado para a seleção dos quadros de vendas nessas empresas, e que não há processos em vendas para que se obtenham os reais indicadores de desempenho, os dados para monitorar a atividade do vendedor, os indicadores de performance, como os KPIs[39], se estão dentro dos parâmetros e do cronograma dados pelo CEO e os acionistas.

É ilusório pensar que ter um vendedor que traz bons contratos é equivalente a ter um bom vendedor. O fato de um profissional de vendas trazer bons pedidos não quer dizer que os outros indicadores de performance dele sejam positivos: ele dá boa rentabilidade? Ele faz cobertura adequada de região, impedindo que clientes acabem parando na concorrência? E

---

39 KPI é uma sigla que vem do inglês para *Key Performance Indicator*, que são os indicadores-chave de performance. Trata-se de uma ferramenta de gestão empregada para analisar os indicadores mais importantes de um negócio ou empresa.

ainda há outras questões: as empresas têm monitorado o LTV de seus clientes (o valor do cliente no tempo)? E o que eu chamo de Matriz Mágica[40], o que elas sabem a respeito? Qual é o *reason why*[41] do seu produto ou serviço? Qual a cadeia de valor envolvida no seu processo?

Muitas vezes os indicadores/informações mostram algo que não está tão aparente quando se leva em conta apenas o faturamento. Por isso, a equipe e a empresa que continuarem acreditando estarem no caminho certo, observando somente o básico (que é o faturamento) e imaginando estarem alinhadas à nova realidade, na verdade poderão estar na Idade da Pedra em relação ao que as empresas de ponta estão fazendo, e logo amargarão prejuízos e serão deixadas para trás pela concorrência.

Hoje, 63% dos CEOs das 500 maiores empresas da *Fortune* vieram da área comercial. Mas eles não chegaram lá por acaso. Eles se envolvem com seus clientes, têm *schedule* constante com os clientes estratégicos, estão sentindo a temperatura das ruas, do mercado, não estão isolados em seus escritórios no 15º andar de um prédio na Berrini[42].

---

40 A Matriz Mágica é uma planilha que indica as oportunidades de *cross-selling* com clientes, como também *up-selling*.

41 *Reason why* ("razão do porquê"), em marketing, identifica os motivos de compra, comportamento, consumo de produtos e serviços.

42 Referência à avenida Luís Carlos Berrini, em São Paulo (capital), região que concentra grande número de sedes de empresas de tecnologia e grandes corporações.

> **Nenhuma empresa é melhor do que o seu administrador permite.**
> *Peter Drucker*

7.
Por que as empresas existem?

Existem cinco tipos de profissionais: os que fazem as coisas acontecerem, os que acham que fazem as coisas acontecerem, os que observam as coisas acontecerem, os que se surpreendem quando as coisas acontecem e os que não sabem o que aconteceu.

Além de compreender e refletir sobre o seu objeto de trabalho, todo gestor de vendas precisa saber que são as vendas, e não o seu produto, a razão pela qual existe uma empresa. O tripé que a sustenta é caixa, lucro e perpetuação. No fundo, todo empreendedor deseja isso; ele quer e almeja esse tripé quando começa o seu negócio. E todas as empresas, especialmente as maiores, que conhecemos da nova geração digital, como Apple, Google, Amazon etc., não iniciaram no mercado montando um plano de negócios ou uma estratégia de marketing ou algo assim.

Primeiro, elas identificaram uma oportunidade, começaram a trabalhar nela e ao longo do tempo, quando a empresa começou a se estruturar de maneira mais consistente, é que acendeu a luz do "agora está fugindo do controle". Se quisermos crescer, é hora – aliás, já passou da hora – de planejar um crescimento estrutural, de planejar os próximos passos, estabelecendo, por exemplo, processos e gestão mais eficientes, para crescer consistentemente. A isso chamamos perpetuação (uma vez que caixa e lucro já estão sendo observados). A perpetuação, nesses casos, leva em conta que os seus fundadores estão conscientes de que não ficarão à frente do seu negócio para sempre e que precisarão passar a outros a gestão da empresa.

A entrada e a expansão dos negócios de uma empresa varejista na internet podem mostrar um descompasso entre esses três pilares ou tripé das organizações (caixa, lucro e perpetuação). Ninguém duvida nem questiona que caixa e lucro vêm, primariamente, das vendas. Ninguém vai discutir isso. Mas os que estão à frente dos departamentos de vendas estão fazendo algo inacreditável. E dou um exemplo pessoal.

Sou aficionado por imagem e som. Há pouco tempo entrei em uma loja de uma grande varejista do setor, porque queria comprar um televisor maior. Para começar (mal), o vendedor que me atendeu seguia rigorosamente um *script* que não me era favorável. Eu fazia perguntas sobre um aparelho que me interessava e ele me respondia com outras perguntas.

"Essa TV é boa?"
"Depende."
"Depende de quê?"
"Depende do que o senhor irá fazer. O senhor vai jogar game?"
"Essa TV tem quantas entradas HDMI?"
"Quantas entradas o senhor precisa?"

Então desisti. Fui pessoalmente conferir as informações, porque eu realmente queria comprar o aparelho. Olhei o modelo, acessei o site do varejista pelo celular e vi que o aparelho estava mais barato no site do que na loja física. Eu quis comprar o televisor pelo preço anunciado no site, e você, leitor, deve saber que não foi possível. Pense. Tente se lembrar de algo parecido que aconteceu com você e me diga: é possível a empresa querer ter sucesso com profissionais que a representam dessa forma desqualificada? Muitas empresas adotam a mesma medida e alegam que as lojas *on-line* têm menos custo do que as lojas físicas, por isso o preço pela internet é menor. Conceitos absolutamente atuais como *omnichannel*[43] são descartados e cada um por si.

Como isso pode acontecer em uma empresa que existe para gerar caixa e lucro?

Quando o cliente está na presença do vendedor, no espaço físico de uma loja, deseja comprar e sabe qual produto quer levar para casa, é inadmissível que ele saia da loja sem levar o produto! Onde fica o conceito de *omnichannel* nesse caso? O que falta numa situação como essa é alguém que tenha consciência de que a empresa tem objetivos claros – quando seus processos não resultam em prejuízos – que busca alcançá-los por meio das vendas!

Há casos em que determinados clientes geram prejuízos para a empresa, e sobre eles não recomendo que se venda a qualquer custo. As instituições bancárias sabem muito bem disso e dispõem de recursos para dispensar ou recusar o relacionamento com clientes que dão prejuízo. Clientes que reclamam demais provocam despesas com ouvidoria. Clientes cujos recursos são questionáveis também, e os bancos não têm interesse em tê-los em suas carteiras, nem que eles reúnam todo o dinheiro do mundo!

Esse foi um exemplo para fixar a ideia ultrapassada de que todo cliente é importante. Mas não é o caso da maioria das empresas varejistas que ainda insiste nessa insanidade de permitir que seus clientes, estando dentro de suas lojas, tenham a oportunidade de acessar o site da concorrência e comprar dela.

---

43 *Omnichannel* é uma tendência do varejo baseada na convergência de todos os canais utilizados por uma empresa. Trata-se da possibilidade de fazer com que o consumidor não veja diferença entre o mundo *on-line* e o *off-line*. O *omnichannel* integra lojas físicas, virtuais e compradores.

Ferramentas, Processos e Governança e Acompanhamento da Negociação

A gestão comercial de um departamento deverá contar com Ferramentas, Processos e Governança e Acompanhamento da Negociação.

Em Ferramentas, devemos comportar os indicadores de vendas, de margem, de *share*, de estoque, de perdas etc.; fazer avaliação da base de dados (produtos, fornecedores, clientes) e construir o *dashboard* da gestão de vendas[44].

Dentro de Processos e Governança, trabalha-se a revisão dos procedimentos internos, uma vez que não existe processo acabado em vendas, e sim a transformação e a adaptação constantes, a estruturação de nova agenda comercial, a definição de papéis e responsabilidades e a governança com a área interna e com os fornecedores, além de outros processos de acordo com o negócio da empresa.

Aqui eu devo abrir parênteses para dizer que, atualmente, a governança da área comercial precisa saber que é preciso abandonar esse vício de esperar que mais da metade das vendas aconteça na última semana do mês e muitas vezes a maior parte delas só se confirme no último dia útil!

Há uma queda de braço entre os departamentos de compra e de vendas, e os compradores das grandes empresas sabem que os vendedores são despreparados e que têm metas mensais para bater. Por isso, eles blefam (o que é diferente de mentir), para conseguir melhores negociações para as suas empresas. Assim, vendedores preparados trabalham para que isso seja diminuído e a rentabilidade de suas vendas seja ampliada. Diminuir a carga dos últimos dias do mês acaba descongestionando as áreas envolvidas com o faturamento e a entrega, o que também é atribuição do gestor de vendas que é competente.

---

44 Um *dashboard* é uma ferramenta de gestão da informação que ajuda no acompanhamento e na exibição de indicadores-chave de performance (os KPIs), métricas e dados que indicam a saúde de um negócio, setor ou processo.

Por fim, em Acompanhamento da Negociação, nós temos o suporte às negociações, a equalização de resultados e o *follow up*, além do replanejamento para períodos futuros. Acompanhamento da Negociação não é levar o gerente de vendas para que ele anuncie o desconto de fechamento do negócio. Antes de tudo, o gestor deve conhecer a sua carteira profundamente; do contrário, ele não poderá ser gestor de coisa alguma na área comercial.

Outro problema comum que eu observo – e que não é recomendável que se perpetue – é quando um gestor deixa o ano fiscal "rolar solto", para apenas no final do período, lá perto do penúltimo mês, lançar uma campanha ou promoção para que a meta anual seja atingida. E é isso o que tem acontecido ano após ano em grande parte das empresas.

Então, reitero, os indicadores precisam ser lidos e considerados constantemente. Eles dão ao gestor competente uma ampliação fiel do quadro geral da sua área, o que favorece a antecipação dos resultados por quartil, isto é, dentro do mês e a cada trimestre, considerando um ano fiscal. Com base nessas leituras é que as ações são tomadas, seja pela aplicação da política comercial, seja por ações de marketing no suporte à área comercial.

O detalhamento do processo

Depois da assimilação das três grandes áreas da gestão – Ferramentas, Processos e Governança e Acompanhamento da Negociação –, o gestor deve partir para o detalhamento do processo, que envolverá cinco etapas:

1. Previsão de vendas.
2. Plano de vendas irrestrito.
3. Plano Operacional.
4. Conciliação dos planos e análise financeira.
5. Desenvolvimento de uma visão estratégica a longo prazo.

No quadro a seguir podemos acompanhar o fluxo:

A INSERÇÃO DO PLANO DE VENDAS NO PLANEJAMENTO ESTRATÉGICO DE MARKETING

BUSINESS PLAN
- Missão
- Objetivos
- Estrutura

PLANO DE MARKETING
- Análise competitiva
- Segmentação/*Target*
- *Marketing Mix*

PLANO DE VENDAS
- Acesso ao mercado
- Relacionamento de contas
- Orçamento operacional

- Selecionar os clientes *target*
- Organizar a força de vendas
- Estimar potencial do mercado e prover vendas
- Recrutar e selecionar a equipe de vendas
- Treinar equipe de vendas
- Desenhar remuneração
- Motivar a equipe de vendas
- Desenhar os territórios de vendas

AVALIAÇÃO
- Comparar performance com objetivos
- Analisar vendas e custos
- Avaliar perdidos para a concorrência
- Avaliar fatores pessoais

VOLUME DE VENDAS

LUCROS

SATISFAÇÃO DOS CLIENTES

FEEDBACK RESULTADOS

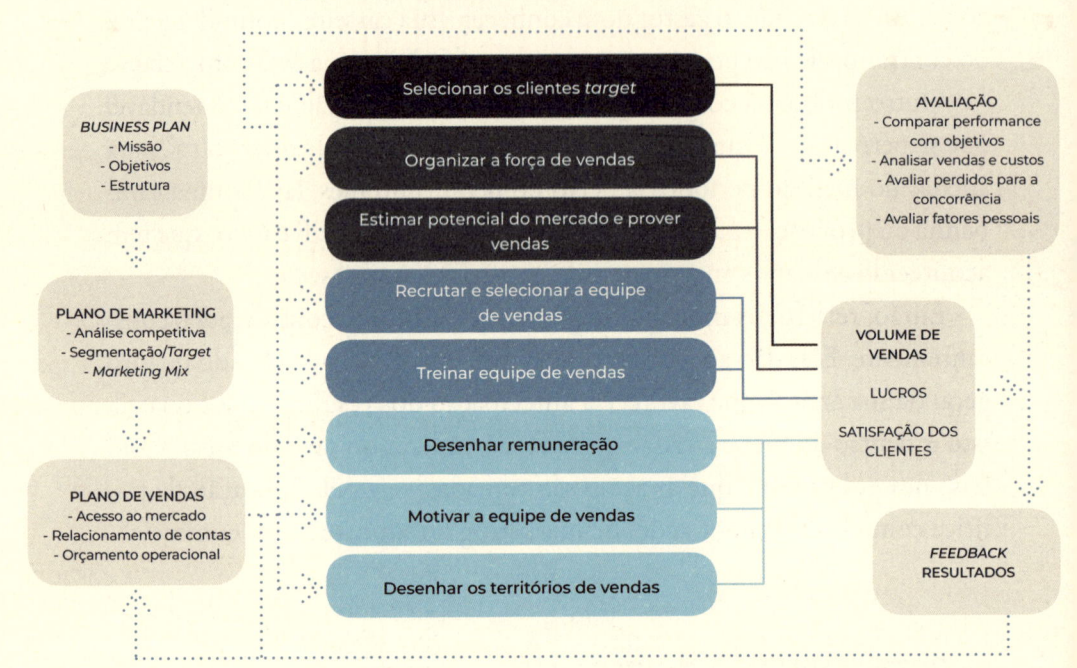

Figura 4 – Fluxo do processo de vendas no planejamento estratégico de marketing

A esta altura, nós nos aproximamos um pouco mais do cotidiano de quem está no comando da área de vendas. Essas etapas deverão consumir parte da energia e dos esforços desse profissional, porque delas sairão quase a totalidade do sucesso do seu trabalho e da sua equipe.

É possível fazer a previsão de vendas? Sim, quando conhecemos e analisamos a nossa base de clientes, quando acompanhamos o comportamento do mercado, quando damos atenção aos indicadores econômicos do setor e temos em mãos o *Life Time Value* (LTV) de cada cliente, podemos conceber padrões que nos servirão para dizer qual o comportamento possível ou qual a previsão de resultados para a área comercial no período estimado.

Mas, antes de continuar, precisamos entender o seguinte ponto: aquilo que antecede o planejamento é exatamente o aspecto mais deficitário nos gestores, ou seja, *pensar estrategicamente*.

O processo que leva ao pensamento estratégico pode ser descrito como um tipo de raciocínio que tenta determinar aquilo que o gestor de vendas deve ser e representar no futuro. Reforço e relembro que o planejamento estratégico ajuda a definir caminhos para chegar lá. Ele também indica os principais fatores que ditam o rumo do departamento de vendas e dos envolvidos em todos os níveis e é um processo que deve ser realizado para estabelecer e articular suas ações.

Para o raciocínio estratégico ser bem-sucedido é preciso comprometimento de todos que participam da implementação da mesma visão. Naturalmente, a visão deve estar alinhada às diretrizes da empresa.

Nesse caso, estamos falando de um processo que extrai as melhores ideias da mente do profissional, sobre o que está acontecendo na sua empresa e no mercado e qual deve ser o seu posicionamento diante de variáveis altamente qualitativas (opiniões, julgamentos e até mesmo sentimentos).

O raciocínio estratégico produz uma visão (um perfil) daquilo que um gestor e também sua equipe querem se tornar, o que então lhe ajuda a fazer escolhas vitais. Isso permite que ele se coloque em uma posição de sobrevivência e prosperidade dentro de um ambiente em constante mudança.

Grande parte dos gestores e vendedores realiza seu trabalho por meio de atividades operacionais. Raramente dedica tempo "craneando" (pensando) ou planejando sobre a direção das suas ações. Consequentemente, não adquire a capacidade de estabelecer um planejamento e de ser o estrategista do seu mercado. Esta habilidade exige tempo, processos e dedicação para ser desenvolvida.

A necessidade de pensar estrategicamente surge quando o profissional começa a explorar mercados que representam terrenos com os quais não está familiarizado. Normalmente, ele ocorre quando o mercado local fica saturado e o gestor e sua equipe de vendedores se deparam com a necessidade de expandir para outros mercados ou, ainda, de lidar com outras empresas ou segmentos em que as regras do jogo são diferentes. Isso abala a base do raciocínio operacional de qualquer profissional, porque ele estava habituado com o perfil do comprador/mercado e o cliente reagia a qualquer estímulo de compra. Agora, é preciso pensar, "cranear". Usar aquilo que efetivamente pode nos diferenciar, ou seja, é o "EU" mais estratégico.

Existe uma tendência quando um grande mercado se encontra à nossa disposição para perseguir somente dois elementos de um ponto de vista operacional – crescimento de mercado e participação no mercado. Contanto que o setor cresça e seja possível encontrar novas formas de aumentar nossa participação nele, iremos bem – portanto, existem poucas razões para se pensar em estratégia e direção.

Como a grande maioria dos profissionais, Cristóvão Colombo, por exemplo, que alcançou a América, encontrava-se no quadrante direito superior da figura a seguir:

- Quando ele partiu não sabia para onde ia;
- Quando ele chegou, não sabia onde estava;
- Quando ele voltou, não sabia dizer onde esteve.

Mas ele era muito competente operacionalmente: foi e voltou três vezes em sete anos, embora nunca soubesse onde estava!

ESTRATÉGIA
(O QUE)

OPERACIONAL
(COMO)

	+	−
+	Visão estratégica explícita / Competente operacionalmente	Visão estratégica incerta / Competente operacionalmente
−	Visão estratégica explícita / Incompetente operacionalmente	Visão estratégica incerta / Incompetente operacionalmente

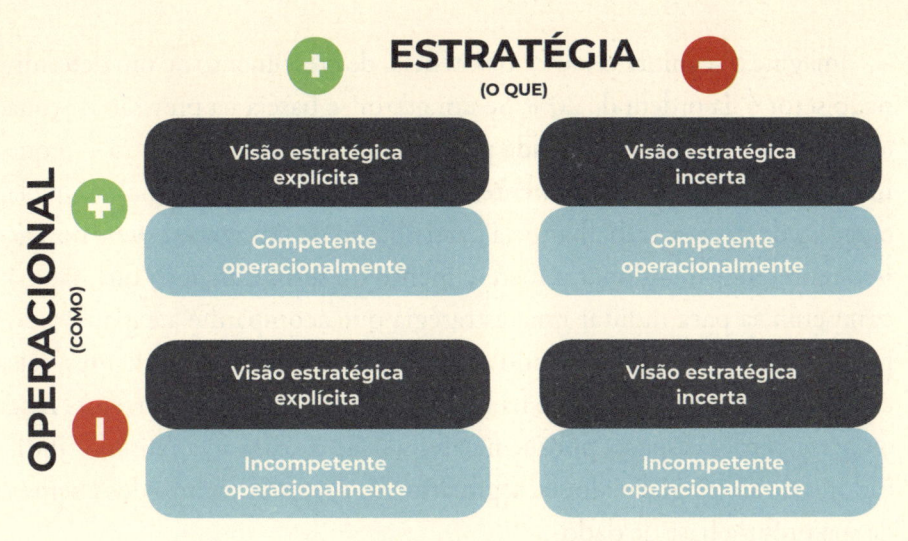

Figura 5 – Estratégia Operacional

O gestor de vendas não é um profeta do mercado, mas um cientista que estuda dados, informações e indicadores, porque há uma ciência a serviço da gestão. Quem não entender isso deve se preparar para mudar de profissão.

Depois há o plano de vendas irrestrito, que é algo semelhante ao passo anterior, mas que envolve a área comercial e de marketing. Do mesmo modo, para montar o plano de vendas irrestrito, considera-se a projeção de demanda da etapa anterior e analisam-se as variantes, com a equipe de marketing, projetando o possível incremento do mercado e a participação no setor, por meio de ações conjuntas (áreas comercial e marketing), para se chegar aos indicadores desejados.

Percebe como o "achismo" deverá desaparecer das projeções nesse novo mundo? Durante muito tempo houve profissionais que chutaram estimativas de crescimento baseadas no *Jornal Nacional*. Sabe como é isso? Quando alguém perguntava:

"Quanto a sua empresa [ou área comercial] irá crescer neste ano?"

"Quinze por cento."

"Mas esse percentual está baseado em quê?"

"Ah, o presidente da República disse que o PIB do País deverá crescer assim no próximo ano."

Imagine o seguinte cenário: o potencial de crescimento de um determinado setor é da ordem de 20%. Se um gestor se baseia na previsão de toda a economia nacional como dada pelo anúncio oficial do governo – o que nunca é específico para os diferentes setores da economia nacional –, aquela empresa deixará de trabalhar pela participação de um *market share* de 5%. Isso representa abandonar um crescimento do setor e assumir que não há competência para montar uma estratégia que acompanhe a expansão do próprio mercado, seja utilizando a capacidade da sua base de clientes, seja estendendo a sua participação na base de clientes do seu concorrente. Essa empresa perderá espaço, porque não fez a lição de casa ao analisar os indicadores do seu negócio, do seu segmento, e o comportamento dos clientes da sua própria base de dados.

Na terceira etapa, nós temos o Plano Operacional. Costumo dizer que quem está à frente do setor de vendas precisa conhecer as ferramentas utilizadas na área de marketing; não dá para isolar-se apenas em um campo do conhecimento. Alguns torcem o nariz ao ouvir isso, mas estou absolutamente certo de que cada vez mais é preciso nos envolvermos com o conhecimento dessas áreas se quisermos melhorar os resultados desejáveis. É necessário acompanhar o progresso dos objetivos da empresa, que, como vimos anteriormente, são caixa, lucro e perpetuação. Se parte dos indicadores diz que o vendedor cumpre metas, mas ele vende apenas os produtos mais baratos e para clientes que são seus amigos, os seus "brothers", esse vendedor está falhando na perpetuação da empresa e possivelmente está contribuindo para o seu definhamento.

No Plano Operacional, o gestor analisa caso a caso a relação entre cliente, produtos, desempenho da força de vendas e potencial de mercado, e consegue identificar os *gaps* em que poderá ampliar a colocação de seus produtos ou serviços no mercado (no cliente) e a sua presença e participação ali. O Plano Operacional contempla as restrições de capacidade operacional da cadeia, analisando capacidade produtiva, suprimentos, armazenagem e transportes diante do plano de vendas irrestrito.

Apenas para deixar uma ilustração para você, leitor, faça um exercício de reflexão e *re*lembre a importância do "re" para *re*alertar sobre a importância de conhecer as implicações de todo o processo envolvido nas diferentes áreas da empresa. A companhia espera que o gestor e sua equipe vendam mil garrafas de água. O que será pior: vender 800 ou 1.200 garrafas?

É certo que podemos considerar melhor a venda das 1.200 garrafas, caso tenhamos capacidade de produção do excedente de 200 garrafas. Mas há, nessa situação, uma suposição ou hipótese implicada: "caso" consigamos, "se" conseguirmos... Veja a necessidade de o gestor conhecer o *supply chain*[45] e ter noções de produção. Aqui é possível observar a necessidade de a previsão de vendas ser levada a sério.

Mas se a equipe vendesse 800 garrafas e o *breakeven*[46] da companhia estava em mil garrafas, bem como o plano de vendas previa a venda das mil garrafas, onde foi que o departamento comercial como um todo falhou? Se o mercado tinha capacidade para absorver mil e o marketing tinha informações a esse respeito, por que então as mil garrafas não foram vendidas? Será que há incongruência entre preço e valor? A precificação do produto está adequada? Há outras perguntas que devem ser feitas.

Normalmente, nesses casos, o líder da área de vendas tende a *re*utilizar a velha justificativa: "O preço do nosso produto está acima daquele praticado pelo nosso concorrente!". E por que o preço da empresa dele estava mais alto?

Num caso específico, o gestor alegou que a sua empresa estava há mais de quarenta anos no mercado e por isso tinha alguns diferenciais que justificavam o preço elevado. Ele apontou até a sede própria da empresa, o que é

---

45 *Supply chain* é o gerenciamento da cadeia de suprimentos (SCM, sigla em inglês) do fluxo de mercadorias, de dados e de finanças relacionados a um produto ou serviço, que vai desde a aquisição de matérias-primas até a entrega final do produto.

46 *Breakeven* ou ponto de equilíbrio em economia e negócios, como também na contabilidade de custos; é o ponto em que o custo total e a receita total são iguais, ou seja, uniformes. Em outras palavras, é o ponto em que os custos de uma empresa "empatam" em relação ao que ela vendeu, dando ocasião ao excedente, isto é, o momento em que ela passará a auferir maiores lucros.

ridiculamente suspeito, porque ele estava imobilizando um ativo de maneira desnecessária. O cliente percebe esse suposto diferencial na hora de pagar mais caro? Não. Como é a percepção do cliente em relação ao posicionamento da sua marca e a marca do seu concorrente? Se esses aspectos não forem notados pelo mercado, não há desculpas para que o seu preço seja incrementado, e uma simples análise Canvas[47] poderá ajudar a equalizar as coisas.

Há uma série de variantes que devem ser levadas em conta e precisam ser consideradas seriamente, visando a um ajuste fino no processo de vendas. Aliás, esse é o processo: não se trata de ter ou não vendido, mas de compreender a razão por que vendeu mais do que o esperado ou por que não atingiu a meta proposta a partir da análise inicial dos departamentos comercial e de marketing.

A conciliação entre os planos e a análise financeira, que é a checagem, é a quarta etapa. Nessa fase é feito o alinhamento dos planos de vendas irrestrito e operacional. É nela que acontece a identificação dos pontos conflitantes e o alinhamento dos riscos, ou seja, é um PDCA[48], que teve origem

---

[47] O Canvas é uma solução eficiente e simples que ajuda o empreendedor a visualizar as questões estratégicas do seu negócio. O seu principal objetivo é estruturar um modelo de plano de negócios. Proposto por Alexander Osterwalder, o Canvas reúne nove quadrantes: proposta de valor, segmento de clientes, os canais, relacionamento com clientes, atividade-chave, recursos principais, parcerias principais, fontes de receita e estrutura de custos. O Canvas é como um mapa visual elaborado para perceber se cada um dos pilares do negócio está obtendo a devida atenção, já que o método é um padrão capaz de oferecer uma visão prática da formatação do modelo. CAMARGO, Robson. O que é Canvas? E como pode auxiliar em seus projetos? *Robson Camargo – Projetos e Negócios*, [s. l.], 2019. Disponível em: https://robsoncamargo.com.br/blog/O-que-e--Canvas. Acesso em: 23 set. 2021.

[48] Plano ou Análise PDCA é uma metodologia focada na melhoria contínua de um processo, baseando-se em um ciclo de quatro fases: P – *Plan* (planejar); D – *Do* (fazer); C – *Check* (checar); e A – *Action* (agir). Criada na década de 1920 pelo físico americano Walter Andrew Shewhart, a análise PDCA tinha como foco o controle estatístico das empresas, mas foi apenas na década de 1950 que a metodologia se popularizou pelas mãos do professor William Edward Deming. A grande razão

na área industrial. É a área comercial aproveitando as boas ferramentas desenvolvidas em outras áreas para melhorar os processos internos.

A parte ou etapa final desse processo de cinco pontos é o desenvolvimento de uma visão estratégica para longo prazo, validando a conciliação dos planos às melhores opções da empresa. Disso resultará um plano de demanda acordado e a volta ao início do ciclo, isto é, a consolidação do processo, e a repetição do modelo no período fiscal seguinte, evidentemente. Novas análises serão feitas, porque certamente será outra conjuntura e novos desafios e variantes serão encarados.

Então, em linhas gerais, essa é a rotina do gestor de vendas que considera seriamente as informações disponíveis para o sucesso do negócio da empresa em que trabalha. Ele precisa ter em mente o fluxograma do processo de vendas, como se encaminham os procedimentos, quais setores, departamentos, processos desses departamentos e a dinâmica mercadológica para que, munido dessas informações, possa planejar eficazmente as rotinas e traçar ações objetivas para a área comercial. Do contrário, não há como esperar resultados consistentes e duradouros, não há como a empresa apoiar-se no tripé caixa, lucro e perpetuação, porque a área que é crucial em toda a engrenagem está "capenga", ela não funciona, não se renova nem se atualiza.

Falando sobre os objetivos da empresa, eles dizem respeito aos resultados quantitativos (temos as métricas) e qualitativos (perfil do cliente, o seu *score* etc.) que ela deseja alcançar para cumprir a sua missão, dentro de um prazo determinado e conforme o cenário no qual o seu negócio está inserido.

---

da Análise PDCA ser utilizada até hoje é a resolução de problemas: ela é um passo a passo para o alcance de metas, melhorias e aperfeiçoamento de processos. SANTOS, Nashila. Análise PDCA – o que é e como aplicar no seu escritório. *Gestta*, [s. l.], 2020. Disponível em: https://www.gestta.com.br/analise-pdca/. Acesso em: 23 set. 2021.

> O modo como você reúne, administra e usa a informação determina se vencerá ou perderá.
> *Bill Gates*

8.
A gestão de vendas

A gestão de vendas consiste na maneira com que a equipe comercial é conduzida para atingir objetivos e metas definidos pela corporação, em geral definidos pelos acionistas e CEO da empresa.

O papel da gestão de vendas é orientar o time comercial sobre as melhores práticas e estratégias de vendas. Além disso, busca otimizar o uso dos recursos disponíveis e os esforços individuais e coletivos para alcançar os objetivos qualitativos e quantitativos.

A gestão de vendas também envolve a integração entre a equipe comercial e os outros setores-chave da empresa, como marketing, estoque e financeiro, logística e a completa integração com o pós-vendas.

É inegável que uma das palavras mais lembradas quando falamos em gestão de vendas é planejamento. Este nada mais é do que um processo estruturado que deverá ser seguido o mais rigorosamente possível. Por definição, é o "serviço de preparação de um trabalho, de uma tarefa, com o estabelecimento de métodos convenientes; planificação; criar um plano para otimizar o alcance de um determinado objetivo". O planejamento consiste em uma importante tarefa de gestão e administração, que está relacionada com preparação, organização e estruturação de um determinado objetivo.

No entanto, além de planejamento, a palavra mais lembrada, de fato, quando falamos em gestão de vendas é estratégia. A origem dela é grega, *strategos*, que indica aquele indivíduo lotado no pelotão militar e responsável por orientar as tropas sobre onde, como, quando e com o que travar uma batalha.

Para falarmos em estratégia no mundo empresarial, precisaríamos acrescentar a informação sobre "com quanto", financeiramente, a tropa, ou a equipe de vendas, irá para essa "batalha".

Curiosamente, a espinha dorsal do planejamento e da estratégia é bastante similar em qualquer parte do mundo corporativo, de um hemisfério ao outro. Falando de maneira simplificada, a gestão de vendas visa alcançar metas por meio de um planejamento eficaz.

O objetivo de todos os negócios é lucrar com boas vendas. Por isso é importante gerenciar eficientemente a sua empresa. Mas você sabe como funciona a gestão de vendas? Confira a seguir algumas dicas que vão ajudar você nessa tarefa.

Até há pouco tempo, a gestão de vendas estava ligada apenas ao setor de vendas. Com a evolução dos negócios nos últimos anos, hoje essa gestão envolve todas as áreas da empresa, como marketing, atendimento e setores de entrega, entre outras.

Vender não se resume a comercializar um produto ou serviço. Para vender, é necessário ter e manter um relacionamento com o mercado e seus clientes, uma vez que hoje o consumidor espera proximidade, para que possa ter confiança e, assim, realizar experiências satisfatórias e agradáveis de compras (que para nós significam vendas).

Uma empresa que não vende está caminhando para o fracasso, e nenhum de nós quer isso para o próprio negócio. Por isso, entenda que para obter êxito nas vendas é preciso tomar algumas atitudes. Inicialmente, é importante uma gestão de vendas *estruturada*, e para isso é essencial identificar irregularidades nos processos que possam se tornar grandes problemas no futuro.

Na estrutura corporativa convencional, o CEO e os acionistas definem seus objetivos. Em geral, como já abordado anteriormente, eles apresentam como objetivos iniciais o quanto querem faturar, qual a rentabilidade para o período e qual a verba a ser investida para se obter esses resultados. Pode haver outros objetivos, mas esses três sempre estão presentes e sob a anuência ou amparados pelas informações de cada uma das áreas envolvidas – como já mencionei, hoje outros setores estão envolvidos no processo de vendas.

A área de vendas encarrega-se de buscar o faturamento pretendido pelo CEO e pelos acionistas. Mas essa equipe consegue trazer entre 80% e 90% do faturamento pretendido, nunca a sua totalidade. Para atingir essa faixa percentual, a área de vendas usa a base instalada de clientes, daí a razão para se conhecer *cross-seling*, *up-selling*, *share of wallet* e outras informações sobre as quais já falamos. De acordo com o levantamento *Brazilian B2B decision-maker response to COVID-19 crisis*, realizado pela consultoria McKinsey, em maio de 2021, a tendência é que os ciclos de vendas se tornem mais longos pós-pandemia. Além disso, os *pipelines* de vendas devem sofrer quedas significativas. Ou seja, mais do que nunca, é fundamental aproveitar melhor as oportunidades já existentes na carteira de clientes.

Para alcançar o restante, o marketing entra com aproximadamente 15%, no máximo 20%, desse montante, gerando *leads* de vendas que serão concretizadas (isso vem da experiência em consultoria e em aula).

A diferença entre a capacidade de vendas em alcançar o seu máximo potencial e os objetivos estabelecidos deverá ser buscada no mercado. Então, entre outras ações, será preciso criar barreiras contra os concorrentes para que os seus clientes estratégicos não migrem de fornecedor. Isso implica fazer o NPS (*Net Promoter Score*).

Um modelo "clássico", porém com poucos resultados interessantes, é o chamado *top down*: a definição dos objetivos pelo CEO local (por exemplo, América Latina), utilizando as estratégias locais. Desse nível, descemos para os objetivos que cabem ao diretor de marketing e vendas, que define e aplica as estratégias locais e ações de alinhamento entre todos os gerentes das áreas. Daí seguem os objetivos para o gerente nacional de vendas, o qual traçará o plano para operacionalizar a estratégia e alocar recursos. Por último, o gerente nacional de vendas dividirá os objetivos por gerentes regionais da área e os planos de ação por território e por vendedor. Mas isso funciona? Não na sua potência máxima.

Nós defendemos que é preciso acrescentar a esse modelo o *botton up*, que é um processo de *feedback* do nível operacional para o nível estratégico.

Neste caso, caberá ao gestor reunir-se com os seus gerentes e consolidar no mínimo os seguintes indicadores sobre os seus clientes estratégicos: o *Life Time Value* ou LTV (certamente, o indicador mais importante), ao longo de um ano pelo menos; o *share of wallet*; e saber quais produtos ele tem e não tem, mas possui potencial para aquisição (para se fazer *cross-selling* e *up-selling*).

Com essas informações, invariavelmente acontecerá uma "mágica". Essa mágica é o surgimento de algo entre 15% a 20% a mais de possibilidade de vendas dentro da própria carteira de clientes. Isso porque quando se capacita e "ferramentaliza" a equipe comercial, ela passa a compreender o potencial da sua região ou área de atuação.

Essa "ferramentalização" da gestão sobre as equipes que estão em campo mostrará para os gerentes regionais e seus vendedores a situação real e mensurada da área coberta por eles. Mostrará, também, a verdadeira capacidade de crescimento por região, algo que no "achismo" não acontece.

O passo seguinte será o alinhamento das intenções dos gerentes regionais com a gerência nacional e esses indicadores funcionarão como um mapa para o crescimento de 3% nesse produto, de 5% nessa região, de 15% de maior faturamento no período e tudo mais que aparecer nos objetivos recebidos dos CEOs e dos acionistas (esses percentuais são meramente ilustrativos). Até a concessão de verbas para eventos regionais específicos, para a promoção e o incremento dos próprios objetivos será possível, uma vez que se faça tal levantamento amplo.

Vendas, agindo estrategicamente para a organização, criarão oportunidades, por exemplo:

- Mapear todas as oportunidades de negócios para a empresa;
- Monitorar movimentos da concorrência;
- Dar *feedback* constante para a companhia sobre a performance de produtos e serviços;
- Cobrar velocidade nos processos decisórios, para não perder oportunidade de negócio;
- A partir dos clientes, captar informações relevantes para o negócio e reportá-las.

Do ponto de vista tático, será possível:

- Gerenciar o território da melhor maneira possível (o que envolve produtividade e custo);
- Capacitar as equipes de vendas para trabalhar em cenários de constante mudança, mais competitivos e sob pressão;
- Desenvolver/reforçar o relacionamento com os clientes;
- "Fechar o circuito" (pré-venda, vendas e pós-venda);
- Desenvolver relacionamentos produtivos dentro da companhia.

Em minhas palestras e consultorias eu, claramente, defendo a ideia de que todo gestor de vendas deve ter um bom conhecimento de marketing, até porque o gestor trabalhará em conjunto com essa área. "Conquistar um novo cliente custa de cinco a sete vezes mais do que manter um atual", segundo Philip Kotler, um dos grandes gurus do marketing.

Mas não é só o custo de aquisição menor que pesa a favor dos clientes que já estão na carteira. É mais fácil, também, crescer com os clientes que você já tem, porque os componentes essenciais de uma relação de vendas – como confiança, credibilidade e conhecimento, por exemplo – você já tem e pode dimensionar o quanto, o que e a frequência que poderá fazer com cada um dos seus clientes existentes.

Este livro não é sobre marketing, mas apenas para orientar o seu raciocínio, alguns componentes básicos de vendas na estratégia de marketing são a Atividade de Vendas, a Atualidade em Vendas e a Política Comercial.

A Atividade de Vendas contribui para a obtenção de recursos financeiros por meio do alcance dos seus objetivos. A Atualidade em Vendas envolve tecnologia e exige pessoas, andando sempre juntas e visando a os mesmos objetivos; a Política Comercial, por sua vez, deve estar "110%" alinhada com as estratégias da companhia e as estratégias de marketing, a fim de constituir uma força interna coordenada na busca dos objetivos da empresa.

Mesmo tendo que reunir boas noções de marketing, os pressupostos básicos da gestão de vendas que o gestor deverá ter não podem ser confundidos com as técnicas de marketing. E eles são:

1. Conhecer *em profundidade* os SWOTs do mercado.
2. Identificar/mapear as *oportunidades* de negócio, entendendo a base interna de clientes.
3. Construir e manter um *ótimo processo de relacionamento* com a base de clientes, começando pelos clientes estratégicos.
4. *Alinhar atividades internas* (administração de vendas, monitoramento de pedidos etc.) com as equipes de campo.
5. Estar atento a *novas oportunidades* de produtos e/ou serviços.
6. Entender em profundidade os *objetivos financeiros* da companhia, o que implica consciência da missão, visão, objetivo e propósito anteriormente definidos.

Uma vez que o gestor de vendas tenha feito a "lição de casa" na análise das informações, as quais detém em sua base de dados, caberá a ele orientar o vendedor para que a execução das estratégias elaboradas comece a sair do papel. E cabe ao vendedor, obviamente, também estar alinhado aos objetivos estratégicos do seu gestor. Este, por sua vez, refletirá o que a organização espera da sua área comercial. Entre as atribuições do vendedor nesse cenário, estão:

- Cumprir todas as metas (*net sales*, lucratividade, unidade, cobertura territorial, KPIs da área, realizar o *forecast* etc.);
- Representar corretamente a empresa;
- Trazer informações relevantes para a gestão;
- Saber identificar novas tendências e oportunidades;
- Atuar como um consultor técnico do cliente.

Esses traços ou atribuições dos vendedores precisam ser conhecidos por eles, pois espera-se que constem do *job description* analítico (ver adiante). Já na contratação, esse *corpus* de informação precisará orientar o pessoal do processo seletivo.

Em contrapartida, o profissional de vendas espera ser bem remunerado; ser reconhecido e valorizado pela companhia, pelos clientes, por seus pares e superiores. O profissional de vendas quer ganhar dinheiro, mas nada impede que o reconhecimento venha na forma de placas, medalhas e troféus, destacando o seu bom trabalho; além disso, ele deseja uma perspectiva de crescimento (promoção ou plano de carreira).

Para que esse indivíduo possa ter um bom retorno financeiro e ser reconhecido num mercado competitivo como o atual, ele precisará corresponder às expectativas da nova era em que vivemos. A avaliação que fizemos com mais de mil profissionais de vendas apresentou o seguinte quadro geral:

- 87% não gostam de produzir relatórios, não emitem o relatório de visitas (e não são cobrados por isso);
- 78% não recebem ou não solicitam apoio da chefia para visitas estratégicas/decisivas;
- 79% não frequentaram nenhum curso de atualização em vendas ou algum programa de desenvolvimento nos últimos três anos;

- 82% dizem não terem sido apresentados aos modelos e procedimentos atuais das principais rotinas administrativas da empresa, tais como a política de análise de crédito, de fabricação, de distribuição etc.

A pesquisa não os questionou sobre planejamento de marketing, ferramentas de gestão, indicadores de performance, *pipeline*, planejamento de vendas, o que certamente não são recursos conhecidos por esses profissionais. O resultado disso são os principais problemas do pós-venda entre as empresas brasileiras:

- 70% não possui cadastro de seus clientes;
- 85% nunca fez pós-vendas;
- 94% nunca usaram tecnologias digitais para monitorar seus clientes[49].

Veja, com base nesses números, que o desafio de vendas para os próximos anos – e especialmente para os gestores de vendas – é enorme. Acrescente a isso o fato de que a função do pessoal de compras (sim, você leu pessoal de compras!) hoje está sendo vista, cada vez mais, como um meio importante para as organizações diminuírem os custos e aumentarem os lucros. Ou seja, a estratégia está sendo ampliada para extrair mais de uma área que até bem pouco tempo tinha outra função principal.

Os compradores, por sua vez, estão mais exigentes, mais bem preparados e são altamente habilidosos em tirar o máximo dos vendedores. Eles sabem que estes precisam cumprir metas e farão o possível para alcançar esse objetivo – inclusive darão descontos desesperados no fim do mês. Os custos para manter vendedores em campo estão aumentando vertiginosamente, ao mesmo tempo em que as organizações de vendas estão sendo

---

49 Estimativa com base nos dados do Sebrae, associações comerciais, federações industriais e análises de mercado.

pressionadas a aumentar as vendas, mas somente com lucratividade, diminuindo os custos de fazer negócios.

Hoje os compradores são profissionais que também cumprem metas e são responsáveis por aquela empresa que estão homologando como fornecedora. Por trás da decisão do comprador existem outros departamentos, regras, padrões, especificações a serem seguidas, que a grande maioria dos livros de vendas e treinamentos não menciona ao criar suas táticas.

Os compradores de hoje estão orientados a tirar o que puderem do vendedor. Mas também estão preparados para negociar com base na relação custo-benefício. Isso, no entanto, só acontecerá se o vendedor tiver competência para negociar com base no valor, e não no preço.

Análise ou matriz SWOT

"O planejamento não é uma tentativa de predizer o que vai acontecer. O planejamento é um instrumento para raciocinar agora, sobre que trabalhos e ações serão necessários hoje para merecermos um futuro. O produto final do planejamento não é a informação: é sempre o trabalho."
Peter Drucker

Vamos falar um pouco sobre as ferramentas da gestão de vendas. Uma das principais ferramentas que o gestor de vendas precisa dominar é a análise ou matriz SWOT, que organiza um procedimento bastante útil para conhecer os pontos fortes e os pontos fracos daquilo que é analisado. Em geral, usamos esse tipo de procedimento analítico para mapear as forças e as fraquezas de uma empresa.

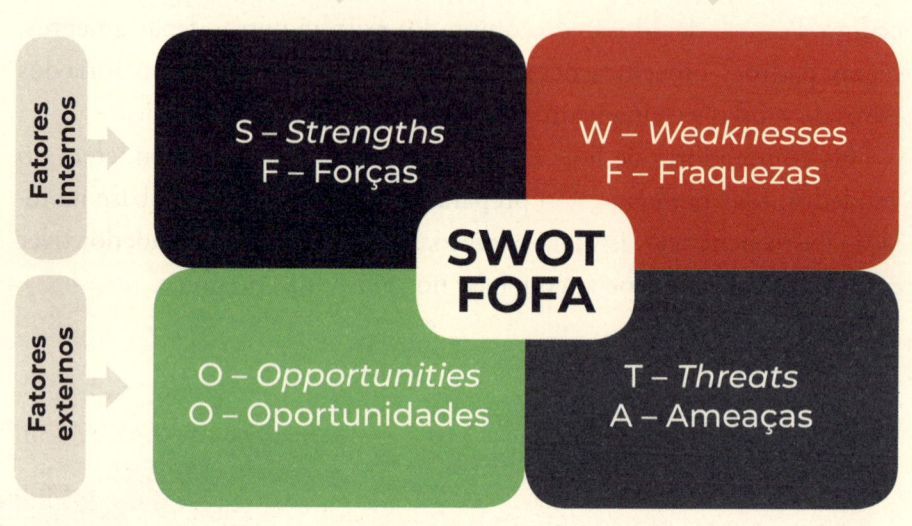

```
                    Fatores positivos          Fatores negativos
                          ↓                          ↓
    ┌─────────────┐ ┌──────────────────────┐ ┌──────────────────────┐
    │   Fatores   │ │    S – Strengths     │ │   W – Weaknesses     │
    │   internos  →│    F – Forças         │ │    F – Fraquezas     │
    └─────────────┘ │                      │ │                      │
                    │            ┌──── SWOT ────┐                   │
                    │            │     FOFA     │                   │
    ┌─────────────┐ │            └──────────────┘                   │
    │   Fatores   │ │   O – Opportunities   │ │    T – Threats      │
    │   externos  →│   O – Oportunidades   │ │    A – Ameaças      │
    └─────────────┘ └──────────────────────┘ └──────────────────────┘
```

FIGURA 6 – MATRIZ *SWOT*

A sigla SWOT, ou acrônimo, corresponde a quatro valores expressos na versão original em inglês:

Strengths – Forças
Weaknesses – Fraquezas
Opportunities – Oportunidades
Threats – Ameaças

O acrônimo já foi traduzido para o português, evidentemente, e alguns preferem usar o seu significado em nossa versão, que é FOFA: *F*orças, *O*portunidades, *F*raquezas e *A*meaças. Nela foi possível agrupar os pontos positivos (FO = Forças e Oportunidades) e os pontos negativos (FA = Fraquezas e Ameaças). Mas, por uma questão de antecedência, iremos trabalhar com a versão original, SWOT.

O papel da análise SWOT é fazer como uma fotografia da sua situação, uma fotografia "quadridimensional", mostrando esses pontos que já indiquei pelo acrônimo. A análise permite vasculhar o perfil do departamento de vendas com seus produtos com maior precisão em busca de traços que ajudarão no planejamento. Assim, são estabelecidos propósitos ou metas e o roteiro é organizado para que a estratégia seja mais efetiva.

Os primeiros pontos que a análise SWOT deverá identificar são os pontos fortes. Numa planilha dividida em quatro quadrantes, tem-se no canto superior direito as forças, os pontos *strengths*. O objetivo desse campo é identificar aquilo em que se é forte de modo duplo. Primeiro, preservar essa característica do seu produto para que não se perca; segundo, no momento apropriado, reforçar essa característica, para que fique mais forte!

O segundo quadrante está no canto superior direito, em que serão escritos os pontos fracos ou *weaknesses*, as fraquezas. O gestor de vendas deverá repetir o procedimento, procurando quais *não são* os seus melhores recursos.

Uma análise dos pontos fracos revelará as características que precisará fortalecer e por isso será preciso identificar, com clareza e honestidade, aquilo em que o seu produto é (ou está) fraco.

Qual é a fraqueza do seu produto? O que parece limitar o seu produto ou quais são os fatores que o impedem de melhorar nesse aspecto? Depois de identificar quais são as fraquezas, o trabalho que o gestor e os departamentos envolvidos no produto terão será o de fortalecer aquilo que se mostra fraco.

O próximo quadro é o do canto inferior esquerdo, o das *opportunities* ou oportunidades. As oportunidades que a empresa desfruta devem ser aproveitadas; portanto, o gestor deve se perguntar como ou qual a melhor maneira de aproveitar o máximo delas, sem que para isso precise comprometer outras áreas ou quadrantes.

Finalmente, chegamos ao quarto e último ponto do acrônimo SWOT, que são as *threats*, ou ameaças. No quadro ao lado das oportunidades, a planilha de análise SWOT reúne a descrição das ameaças identificadas para que as mudanças sejam administradas pela gestão. Independentemente da natureza daquilo que você considera uma ameaça, anote, para que depois possa procurar meios de minimizar cada uma delas e, sendo possível, as transforme em oportunidades de mudança e crescimento.

Eu poderia enumerar diversas utilidades da matriz SWOT, mas indicarei apenas algumas para que você perceba a sua importância:

- Planejamento setorial ao definir estratégias de marketing e vendas;
- Lançamentos de produto, para esclarecer o seu posicionamento no mercado, o discurso de vendas etc.;
- Mudanças em processos, ao iniciar a operação de pré-vendas ou uma nova abordagem comercial;
- Desenvolvimento de produto, análise dos clientes e *prospects* para criar funcionalidades;
- Elaboração de projetos de área, para atacar mercados diferentes, para adotar outros modelos de captação de clientes;
- Preparação para crises ao combater objeções de vendas ou para responder a críticas[50].

---

50 Algumas perguntas que podem ser feitas para conduzir a análise. Forças: O que o nosso time faz melhor do que qualquer outro? Que característica do produto/serviço os clientes enxergam mais valor? Fraquezas: Em qual etapa nossos *prospects* ficam mais relutantes e fogem? Quando perdemos uma venda e qual é o motivo? Oportunidades: Há *prospects* de mercados que não costumamos abordar demonstrando interesse? Aconteceu alguma mudança no mercado que nos coloque em vantagem? Ameaças: O que os *prospects* procuram que não podemos oferecer? Quais as objeções mais comuns?

Aqui entrego a você uma matriz SWOT poderosa:

	Forças			
		100%		
	Descrição	Relevância	Classif.	Pontuação
S1	*Market share* de 20% após aquisição	5%	5	0,25
S2	Rede de distribuição nacional com estrutura única	20%	5	1
S3	Consolidação das marcas na sacaria para os clientes	10%	2	0,2
S4	Concentração marca Solofértil grandes clientes	30%	3	0,9
S5	Maior penetração marca Fertisep pequenos e médios clientes. Participação de 45% no estado de SP	20%	3	0,6
S6	As marcas especializadas e complementares para diferentes cultura. Recuperação padrão de qualidade.	15%	5	0,75

Diminuir o impacto da Fraqueza com estratégia

	Fraquezas			
		100%		
	Descrição	Relevância	Classif.	Pontuação
W1	Organizações de vendas paralelas para cada marca	40%	3	1,2
W2	Custo fixo elevado devido à quadro de vendas da Fertisep muito grande	25%	3	0,75
W3	Falta de posicionamento claro no mercado para diferenciação de ambas as marcas	25%	3	0,75
W4	Ausência de sinergia entre as duas marcas	10%	5	0,5

| Oportunidades ||||
| 100% ||||
	Descrição	Relevância	Probabilidade	Pontuação
O1	Previsão de 20 % de crescimento em vendas em 2018	40%	4	1,6
O2	Principal fator na decisão de compra é a confiança na qualidade da marca, segundo fator preço	15%	3	0,45
O3	Maior penetração nacional com a sinergia da marcas	25%	5	1,25
O4	Fortalecimento após aquisição para participação em todos os nichos e culturas de mercado (pequenos, médios e grandes agricultores)	20%	4	0,8

| Oportunidades ||||
| 100% ||||
	Descrição	Relevância	Probabilidade	Pontuação
T1	Perda de lucratividade devido à variação cambial	25%	4	1
T2	Queda de vendas se preço elevado (troca de marca)	25%	3	0,75
T3	Sensibilidade ao volume de vendas na lucratividade	20%	1	0,2
T4	Concorrência dos principais players Manah e Serrana e marcas menores de distribuição regional	10%	3	0,3
T5	Risco de "commoditização" dos produtos a longo prazo	20%	3	0,6

Relevância: Qual é a importância desta força ou fraqueza para a empresa, em comparação com todos os outros fatores? Quanto representa sua relevância dentro da análise? Um valor de 0% a 100%, em que a somatória de todos os fatores deverá sempre ser igual a 100%.

Classificação: É uma pontuação de 1 a 5 atribuída ao fator que indica se a força ou fraqueza é máxima (5), média (2 e 3) ou mínima (1) para a organização.

Pontuação: A pontuação é obtida pelo produto (multiplicação) da relevância e da classificação.

	Alavancagens / Desenvolvimento – Estratégia Ofensiva			
	Força		Oportunidade	Pontuação
S1	Market share de 20% após aquisição	O1	Previsão de 20% de crescimento em vendas em 2018	1,85
S1	Market share de 20% após aquisição	O2	Principal fator na decisão de compra é a confiança na qualidade da marca, segundo fator preço	0,7
S1	Market share de 20% após aquisição	O3	Maior penetração nacional com a sinergia da marcas	1,5
S2	Rede de distribuição nacional com estrutura única	O1	Previsão de 20% de crescimento em vendas em 2018	2,6
S2	Rede de distribuição nacional com estrutura única	O2	Principal fator na decisão de compra é a confiança na qualidade da marca, segundo fator preço	1,45
S2	Rede de distribuição nacional com estrutura única	O3	Maior penetração nacional com a sinergia da marcas	2,25
S3	Consolidação das marcas na sacaria para os clientes	O1	Previsão de 20% de crescimento em vendas em 2018	1,8
S3	Consolidação das marcas na sacaria para os clientes	O2	Principal fator na decisão de compra é a confiança na qualidade da marca, segundo fator preço	0,65
S3	Consolidação das marcas na sacaria para os clientes	O3	Maior penetração nacional com a sinergia da marcas	1,45
S4	Concentração marca Solofértil grandes clientes	O1	Previsão de 20% de crescimento em vendas em 2018	2,5
S4	Concentração marca Solofértil grandes clientes	O2	Principal fator na decisão de compra é a confiança na qualidade da marca, segundo fator preço	1,35
S4	Concentração marca Solofértil grandes clientes	O3	Maior penetração nacional com a sinergia da marcas	2,15

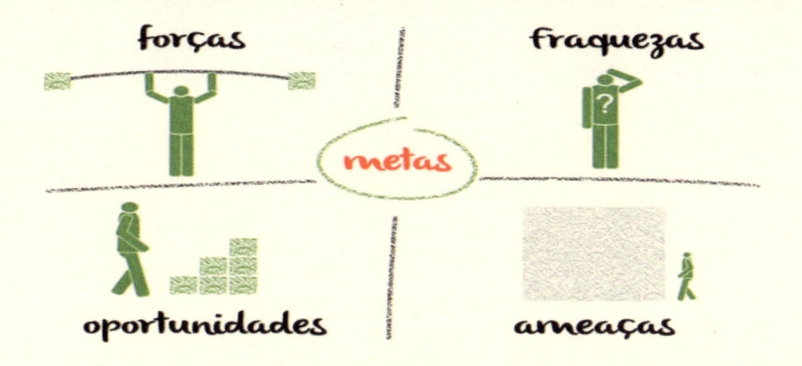

	Vulnerabilidades / Manutenção – Estratégia de Confronto – Capacidade Defensiva				
	Força		Ameaça		Pontuação
S1	Market share de 20% após aquisição	T1	Perda de lucratividade devido à variação cambial		1,25
S1	Market share de 20% após aquisição	T2	Queda de vendas se preço elevado (troca de marca)		1
S1	Market share de 20% após aquisição	T3	Sensibilidade ao volume de vendas na lucratividade		0,45
S2	Rede de distribuição nacional com estrutura única	T1	Perda de lucratividade devido à variação cambial		2
S2	Rede de distribuição nacional com estrutura única	T2	Queda de vendas se preço elevado (troca de marca)		1,75
S2	Rede de distribuição nacional com estrutura única	T3	Sensibilidade ao volume de vendas na lucratividade		1,2
S3	Consolidação das marcas na sacaria para os clientes	T1	Perda de lucratividade devido à variação cambial		1,2
S3	Consolidação das marcas na sacaria para os clientes	T2	Queda de vendas se preço elevado (troca de marca)		0,95
S3	Consolidação das marcas na sacaria para os clientes	T3	Sensibilidade ao volume de vendas na lucratividade		0,4
S4	Concentração marca Solofértil grandes clientes	T1	Perda de lucratividade devido à variação cambial		1,9
S4	Concentração marca Solofértil grandes clientes	T2	Queda de vendas se preço elevado (troca de marca)		1,65
S4	Concentração marca Solofértil grandes clientes	T3	Sensibilidade ao volume de vendas na lucratividade		1,1

	Fraqueza		Oportunidade	Pontuação
W1	Organizações de vendas paralelas para cada marca	O1	Previsão de 20% de crescimento em vendas em 2018	2,8
W1	Organizações de vendas paralelas para cada marca	O2	Principal fator na decisão de compra é a confiança na qualidade da marca, segundo fator preço	1,65
W1	Organizações de vendas paralelas para cada marca	O3	Maior penetração nacional com a sinergia da marcas	2,45
W2	Custo fixo elevado devido quadro de vendas da Fertisep muito grande	O1	Previsão de 20% de crescimento em vendas em 2018	2,35
W2	Custo fixo elevado devido quadro de vendas da Fertisep muito grande	O2	Principal fator na decisão de compra é a confiança na qualidade da marca, segundo fator preço	1,2
W2	Custo fixo elevado devido quadro de vendas da Fertisep muito grande	O3	Maior penetração nacional com a sinergia da marcas	2
W3	Falta de posicionamento claro no mercado para diferenciação de ambas as marcas	O1	Previsão de 20% de crescimento em vendas em 2018	2,35
W3	Falta de posicionamento claro no mercado para diferenciação de ambas as marcas	O2	Principal fator na decisão de compra é a confiança na qualidade da marca, segundo fator preço	1,2
W3	Falta de posicionamento claro no mercado para diferenciação de ambas as marcas	O3	Maior penetração nacional com a sinergia da marcas	2
W4	Ausência de sinergia entre as duas marcas	O1	Previsão de 20% de crescimento em vendas em 2018	2,1
W4	Ausência de sinergia entre as duas marcas	O2	Principal fator na decisão de compra é a confiança na qualidade da marca, segundo fator preço	0,95
W4	Ausência de sinergia entre as duas marcas	O3	Maior penetração nacional com a sinergia da marcas	1,75

Restrições / Limitações / Crescimento – Estratégia de Reforço (Debilidade)

Problemas / Sobrevivência – Estratégia de Defesa			
Fraqueza		Ameaça	Pontuação
W1	Organizações de vendas paralelas para cada marca	T1	Perda de lucratividade devido à variação cambial	2,2
W1	Organizações de vendas paralelas para cada marca	T2	Queda de vendas se preço elevado (troca de marca)	1,95
W1	Organizações de vendas paralelas para cada marca	T3	Sensibilidade ao volume de vendas na lucratividade	1,4
W2	Custo fixo elevado devido quadro de vendas da Fertisep muito grande	T1	Perda de lucratividade devido à variação cambial	1,75
W2	Custo fixo elevado devido quadro de vendas da Fertisep muito grande	T2	Queda de vendas se preço elevado (troca de marca)	1,5
W2	Custo fixo elevado devido quadro de vendas da Fertisep muito grande	T3	Sensibilidade ao volume de vendas na lucratividade	0,95
W3	Falta de posicionamento claro no mercado para diferenciação de ambas as marcas	T1	Perda de lucratividade devido à variação cambial	1,75
W3	Falta de posicionamento claro no mercado para diferenciação de ambas as marcas	T2	Queda de vendas se preço elevado (troca de marca)	1,5
W3	Falta de posicionamento claro no mercado para diferenciação de ambas as marcas	T3	Sensibilidade ao volume de vendas na lucratividade	0,95
W4	Ausência de sinergia entre as duas marcas	T1	Perda de lucratividade devido à variação cambial	1,5
W4	Ausência de sinergia entre as duas marcas	T2	Queda de vendas se preço elevado (troca de marca)	1,25
W4	Ausência de sinergia entre as duas marcas	T3	Sensibilidade ao volume de vendas na lucratividade	0,7

Estratégia Ofensiva: Pontos Fortes x Oportunidades (SO)					
Forças e Fraquezas	No seu Negócio	Oportunidades e Ameaças	No seu Negócio	Tipo de Estratégia	Recomendação
Rede de distribuição nacional com estrutura única	Forças	Maior penetração nacional com a sinergia da marcas	Oportunidades	Estratégia Ofensiva	Posicionamento da marca Solofértil como guarda-chuva do grupo, mantendo a Fertisep para o segmento/culturas que é especializada. O cliente tem reconhecimento e confiança pela marca adquirida.
Rede de distribuição nacional com estrutura única	Forças	Previsão de 20 % de crescimento em vendas em 2018	Oportunidades	Estratégia Ofensiva	
Concentração da marca Solofértil em grandes clientes	Forças	Maior penetração nacional com a sinergia da marcas	Oportunidades	Estratégia Ofensiva	
Concentração da marca Solofértil em grandes clientes	Forças	Previsão de 20 % de crescimento em vendas em 2018	Oportunidades	Estratégia Ofensiva	

Forças e Fraquezas	No seu Negócio	Oportunidades e Ameaças	No seu Negócio	Tipo de Estratégia	Recomendação
Estratégia de Confronto: Pontos Fortes x Ameaças (ST)					
Rede de distribuição nacional com estrutura única	Forças	Perda de lucratividade devido à variação cambial	Ameaças	Estratégia de Confronto / Defensiva	Especialização de fórmula de produto por cultura, com maior margem de contribuição, visando minimizar impacto da variação cambial do K (Potássio). Equipe de vendas treinadas para venda especializada. Criar folder técnico para facilitar venda e divulgação das linhas de produto.
Concentração da marca Solofértil em grandes clientes	Forças	Perda de lucratividade devido à variação cambial	Ameaças	Estratégia de Confronto / Defensiva	
Rede de distribuição nacional com estrutura única	Forças	Queda de vendas se preço elevado (troca de marca)	Ameaças	Estratégia de Confronto / Defensiva	
Concentração da marca Solofértil em grandes clientes	Forças	Queda de vendas se preço elevado (troca de marca)	Ameaças	Estratégia de Confronto / Defensiva	

Estratégia de Reforço: Pontos Fracos x Oportunidades (WO)					
Forças e Fraquezas	No seu Negócio	Oportunidades e Ameaças	No seu Negócio	Tipo de Estratégia	Recomendação
Organizações de vendas paralelas para cada marca	Fraquezas	Previsão de 20 % de crescimento em vendas em 2018	Oportunidades	Estratégia de Reforço	Unificar estrutura de vendas, por fatores de desempenho, por região (Gerente Regionais) e Key Account para contas estratégicas.
Organizações de vendas paralelas para cada marca	Fraquezas	Maior penetração nacional com a sinergia da marcas	Oportunidades	Estratégia de Reforço	
Custo fixo elevado devido quadro de vendas da Fertisep muito grande	Fraquezas	Previsão de 20 % de crescimento em vendas em 2018	Oportunidades	Estratégia de Reforço	
Falta de posicionamento claro no mercado para diferenciação de ambas as marcas	Fraquezas	Previsão de 20 % de crescimento em vendas em 2018	Oportunidades	Estratégia de Reforço	
Ausência de sinergia entre as duas marcas	Fraquezas	Previsão de 20 % de crescimento em vendas em 2018	Oportunidades	Estratégia de Reforço	

Estratégia de Reforço: Pontos Fracos x Oportunidades (WO)					
Forças e Fraquezas	No seu Negócio	Oportunidades e Ameaças	No seu Negócio	Tipo de Estratégia	Recomendação
Organizações de vendas paralelas para cada marca	Fraquezas	Perda de lucratividade devido à variação cambial	Ameaças	Estratégia de Defesa	
Organizações de vendas paralelas para cada marca	Fraquezas	Queda de vendas se preço elevado (troca de marca)	Ameaças	Estratégia de Defesa	
Custo fixo elevado devido à quadro de vendas da Fertisep muito grande	Fraquezas	Perda de lucratividade devido à variação cambial	Ameaças	Estratégia de Defesa	
Falta de posicionamento claro no mercado para diferenciação de ambas as marcas	Fraquezas	Perda de lucratividade devido variação cambial	Ameaças	Estratégia de Defesa	

Matriz BCG

Outra ferramenta útil e indispensável é a Matriz BCG, sigla para *Boston Consulting Group*. A Matriz BCG é um exemplo de solução ágil e prática em que são usadas as informações certas para construção de um gráfico de fácil interpretação e análise. O objetivo da Matriz BCG é tomar uma destas quatro decisões sobre os produtos ou serviços do seu portfólio:

1. *Construir:* ampliar sua participação no mercado.
2. *Manter:* conservar a participação atual do mercado.
3. *Colher:* aproveitar ao máximo os resultados obtidos com determinado produto ou serviço.
4. *Abandonar:* deixar de incluir esse produto ou serviço em seu portfólio.

Figura 7 – Matriz BCG

Na figura anterior nota-se a identificação de produtos por símbolos específicos. Os produtos classificados como *estrela* são muito caros de se manter, pois têm muitos concorrentes em um mercado em crescimento. Faça o possível para *manter* sua participação para poder colher os lucros agora enquanto o mercado for menos competitivo. Aproveite os produtos *vaca leiteira* para colher o máximo de lucro possível, antes que se tornem abacaxis. Falando neles, os *abacaxis* devem ser abandonados ou vendidos, pois já não dão mais lucros. Quanto às *interrogações*, faça a sua aposta se vale a pena *construir* esse mercado, investindo para transformar o produto em uma *estrela*.

O papel do gestor diante dessa análise é avaliar e monitorar se o que tem sido comercializado em cada região ou setor está equalizado com a Matriz BCG. Como é confortável aos vendedores comercializar aquilo que é mais fácil ou o que mais gostam (ou entendem), a partir do seu próprio ponto de vista, o gestor deve fazer cumprir os ditames da Matriz BCG para que os resultados esperados apareçam. Nessa situação, o gestor colocará diante de sua equipe os indicadores de performance, *mix* de produtos e objetivos por produtos, não somente por rentabilidade, e vai monitorar a matriz BCG.

Matriz Mágica

Ela é uma ferramenta de simples composição (que pode ser feita no Excel). Eu tenho recomendado as ferramentas mencionadas aqui, mas, de todas elas, talvez esta seja inconcebível um gestor não utilizar. Conforme pode ser observado na tabela a seguir (que é meramente ilustrativa), a Matriz Mágica nos dá um importante cruzamento de informações sobre a base de clientes e os produtos comercializados, indicando o consumo de cada cliente por produto (ou o consumo de cada produto por cliente).

Com a Matriz Mágica, você tem uma espécie de fotografia da situação mês a mês de seus clientes, bem como do giro de cada item de sua cesta de produtos, facilitando a tomada de decisões na hora de definir estratégias para elevar o *market share* ao patamar dentro dos objetivos pretendidos.

Tome como exemplo o Produto 1 e o seu consumo pelo Cliente 1. Sabendo essa informação que a Matriz Mágica nos dá muito facilmente (bastando, para isso, que ela esteja sempre atualizada), o gestor compreenderá melhor o que será preciso fazer para aumentar em, por exemplo, 5% o escoamento desse produto. Do mesmo modo, poderá verificar que o Produto 2 não é comprado por meu Cliente 1 e há quanto tempo essa venda não acontece, o que me levará a uma reflexão sobre as causas: se é preço, qualidade, condições ou outro motivo, e assim sucessivamente.

	Matriz de faturamento e/ou lucratividade							
	PRODUTO 1	PRODUTO 2	PRODUTO 3	PRODUTO 4	PRODUTO 5	PRODUTO 6	OUTROS	TOTAL
Cliente 1	44000	0	23000	35000	0	0	0	102000
Cliente 2	0	0	0	0	115900	10000	20000	145900
Cliente 3	0	110000	50000	40000	0	0	0	210000
Cliente 4	210000	0	0	0	0	0	0	210000
Cliente 5	100000	20000	40000	35000	18000	0	0	211000
Cliente 6	60000	0	0	0	0	45000	35000	455000
Cliente 7	100000	120000	80000	78000	0	0	0	448000
Cliente 8	8000	40000	22000	33000	48000	8000	21000	175100
Cliente 9	20200	312000	122000	210000	60000	42000	40000	1408000
TOTAL	874000	802000	327000	431000	235900	105000	790100	3365000

Figura 8 – Matriz Mágica

Quais ações poderão promover o *cross-selling* e aumentar o faturamento e/ou a lucratividade por cliente? Quais ações poderão promover o *cross-selling* e aumentar o faturamento e/ou a lucratividade por produto? Essas são apenas algumas perguntas em que essa ferramenta pode auxiliar o gestor a responder dentro da sua estratégia.

Com a Matriz Mágica, as decisões não serão tomadas na base do empirismo, do "achismo", mas na situação real da sua carteira de clientes e no mercado, isto é, o seu posicionamento diante de seu concorrente, a qualidade de seu produto, o preço praticado e as condições etc.

SMARKETING – sale (vendas) + marketing

A esta altura já deve estar clara a ideia de que ambas as equipes, vendas e marketing, jogam no mesmo time. As duas forças são responsáveis pelo crescimento e pela receita da empresa. Enquanto a equipe de marketing foca em atrair potenciais consumidores, transformando-os em *leads* (oportunidades de negócios) e atraindo com conteúdos relevantes, a equipe de vendas aborda esses potenciais clientes de forma individual, de maneira que eles fechem um negócio durante um determinado período, e cuida da carteira de clientes existentes.

O papel do marketing é acelerar o ciclo de vendas ao abastecer, com velocidade, o *pipeline* de vendas. O *lead velocity rate*, neste caso, mede o quanto o marketing consegue entregar de *leads* qualificados a cada período considerado. O ideal é que a base de *leads* cresça de 10% a 20% sobre seu faturamento no período em questão.

Ao marketing caberá mudar a mentalidade do mercado, a conversação de preço para valor. O gestor de marketing (CMO) deverá apresentar o valor real entregue por seu produto ou serviço. Isso faz com que a conversação saia do tema "preço" e passe para os motivos pelos quais seu *prospect* deveria comprar de sua empresa.

A estratégia da gestão de vendas

Ao usar a estratégia e se apropriar de ferramentas para as análises em gestão de vendas, todas as negociações que envolvem manutenção, comercialização e processos de venda de seus produtos ou serviços passam a ser realizadas de maneira organizada e sistemática. Ela propiciará pelo menos quatro controles[51] eficazes na tarefa cotidiana do gestor; podem ser mais, mas estes são importantes para iniciar uma boa estratégia na sua área:

1. *Mapa de oportunidades*: controle visual, esteticamente importante para mostrar lacunas de oportunidades. Trata-se da relação (em forma de referência cruzada) de clientes × produtos ou serviços comprados ou que possam ainda ser vendidos.
2. *Agenda produtiva*: não basta fazer agenda, ela precisa evitar perda de tempo e dispersão. Vendedor que faz sua agenda à medida que faz seu mapa de oportunidades cria mais compromissos relativos à obtenção da meta.
3. *Pipeline (funil de vendas)*: é um diagrama em forma de funil, ferramenta bastante utilizada em nossa área; simula o processo de vendas. Na entrada do funil estão os clientes em prospecção; em seguida, vem a qualificação no contato inicial, o levantamento de necessidades, a apresentação de proposta, a negociação e o fechamento.

Quantos clientes chegam à saída do funil (no negócio fechado)? Se a cada dez clientes, nenhum está comprando, há algo errado. Por que perdemos clientes no início da venda? Por falta de preparo para criar

---

51 ORTEGA, Marcelo. *Sucesso em vendas*: 7 fundamentos para o sucesso. São Paulo. Benvirá, 2018.

interesse e desvendar motivos de compra[52]. Essas são algumas perguntas que essa ferramenta deverá ajudar a responder.

- Geração de *leads*
- Qualificar *leads*
- Avaliar desafios/problemas
- Solucionar problemas
- Converter
- Fechar

Figura 9 – Funil de vendas

Acredite ou não, a cada dez empresas, somente quatro usam o funil de vendas. Particularmente, tenho dificuldade de compreender como gerir uma equipe sem essas informações; portanto, falarei sobre essa ferramenta

---

52   Estas são algumas reflexões e análises que podemos ter com o uso do funil de vendas: Quantos clientes temos que fomentar para ter o número de clientes que precisamos comprando? Qual é o tempo do ciclo de venda e quantos negócios demoram demais para se tornarem qualificados? Quantas vendas evoluem e quantas se perdem por falta de negociação eficaz? Quantos negócios são adiados, agendados mais para a frente? Quais os motivos de não venda? Por que estamos perdendo negócios? Onde estamos sendo mais eficientes? Os *leads* são qualificados?

correndo o risco de ter algum leitor que a utiliza todos os dias e sabe analiticamente como usá-la (se for seu caso, sugiro que pule esta parte, ou a leia para aperfeiçoar ainda mais seu conhecimento e sua performance).

O que é o *pipeline*?

Pipeline, em inglês, significa "cano" ou "oleoduto" e cria justamente a analogia de um duto que vai colhendo informações (as oportunidades) e as transporta até o ponto do fechamento de vendas, tendo algumas perdas nos negócios ao longo do caminho. O funil de vendas é um modelo estratégico que mostra a jornada do cliente, desde o primeiro contato dele com a empresa até o fechamento do negócio.

Formado por um conjunto de etapas e gatilhos, seu objetivo é dar suporte à jornada de compra das personas de determinada organização.

Um dos principais requisitos para iniciar um funil de vendas é aliar áreas de marketing e vendas, fornecendo uma estrutura realista para a jornada de *leads* e passagem de oportunidades no momento certo para a abordagem de vendas.

É como um funil dividido em várias partes. Em cada parte estão os estágios do ciclo de vendas. Você deve considerar que o seu ciclo de vendas completo corresponde a 100% do processo. Cada estágio alcançado representa um percentual atingido do total do processo.

A parte mais larga, a boca do funil, é o estágio do planejamento, da prospecção e da abordagem, correspondente a, por exemplo, 30% do processo de conclusão da venda. A parte do meio é o estágio de levantamento das necessidades, a proposição de valores e o envio da proposta. Digamos que as oportunidades que atingem essa etapa chegaram a 50% de conclusão do processo de vendas. Na parte final estão os estágios de negociação e de conclusão das vendas, que correspondem, respectivamente, a 75% e 100% do processo.

Essa metodologia amplia o foco dos gestores de vendas, ou seja, a cobrança vai além do resultado efetivo. Como todo resultado é em função dos objetivos estabelecidos e dos esforços dedicados para seu alcance, o gerente de vendas, ou mesmo o vendedor, deve concentrar atenção na realização dos esforços em si, e não nos resultados. Controlar a linha de produção de receitas é necessário para o profissional de vendas que deseja ser proativo. Inspecionar o *pipeline* é importante para que a empresa consiga corrigir seus erros e desvios antes que seja tarde demais para atingir a cota estabelecida para o período.

O *pipeline* pode ser chamado de linha de produção de receitas. Trata-se de uma maneira de controlar os esforços que estão sendo realizados para gerar receitas por determinada empresa. Se você tem uma equipe de vendas "*business to business*", não basta controlar apenas os clientes e o valor das oportunidades trabalhadas – a receita potencial; você precisa controlar, também, as atividades executadas por seus vendedores em cada uma dessas oportunidades.

O objetivo do uso do *pipeline* é ajudar o vendedor a gerenciar suas oportunidades de vendas, a cada estágio do funil, alimentando-as com informações relevantes obtidas durante suas interações com o cliente. Exemplos de informações registradas no *pipeline* incluem: o nível de interesse do cliente pelo produto ou serviço ofertado, concorrentes, o valor da proposta, o percentual de probabilidade de sucesso, a previsão da data de fechamento, entre outras.

Conforme as oportunidades são nutridas de informações, elas caminham pelo *pipeline*, passando de estágio até chegar a 100%, que é o fechamento das vendas. O *pipeline* de vendas é uma metodologia cada vez mais popular nas empresas. É imprescindível para buscar o máximo de informações importantes no desenvolvimento técnico de sua equipe e na compreensão do modelo de vendas bem-sucedido. A partir dele é possível saber qual situação a equipe tem mais dificuldade para superar e, assim, é possível treiná-la para resolver isso.

Em geral, os vendedores gastam muito tempo e convertem poucos negócios. A falta de informação e o monitoramento do líder por meio de controles profissionais fazem com que se gaste muito dinheiro com a venda e fica o falso resultado de poucos clientes.

O funil de vendas, método mais simples e eficaz de medir a convergência de propostas em negócios, simplesmente determina aquilo que sua empresa oferece e reverte em vendas de fato.

A gestão de *pipeline* está diretamente relacionada ao ciclo de vendas, que pode ser de curto, médio ou longo prazo, dependendo do negócio.

Um exemplo de ciclo de vendas de curta duração é o de um vendedor de uma loja de roupas. Para conseguir fechar uma venda, é necessário que ele se aproxime do cliente, estabeleça um contato agradável, entenda o que o cliente está buscando, ofereça produtos adequados, negocie as formas de pagamento e, por fim, feche a venda. Esse processo, em geral, leva pouco tempo e é o que consideramos um ciclo de vendas curto. Durante esse período, o vendedor precisa identificar seu *prospect*, chamar sua atenção, despertar o interesse e o desejo por seu produto, eventualmente negociar e finalmente fechar a venda.

Existem, porém, ciclos de vendas mais longos e complexos. Eles podem, por sua vez, durar meses ou mesmo anos, desde a identificação do *prospect* até o fechamento do negócio. Empresas da área de construção civil, por exemplo, têm negociações com ciclos longos, e as oportunidades de vendas podem levar vários anos desde o início do processo até o fechamento do contrato. É o caso da venda de um maquinário industrial, de um *software* empresarial, de consultorias ou aviões.

É para as vendas com ciclos médios e longos que a gestão de *pipeline* de vendas funciona muito bem. Uma vez que se tenha o ciclo de vendas bem mapeado e a metodologia corretamente implantada, é possível ver com muita clareza como a gestão de oportunidades de negócios vai sendo afunilada, mantendo a assertividade do seu time de vendas.

Como regra geral, se determinado canal de vendas leva mais que uma ou duas semanas para fechar uma venda, o *pipeline* já trará benefícios importantes. O *pipeline* nada mais é, portanto, do que o mapeamento das etapas que formam o ciclo de um canal de vendas. São duas analogias que procuram mostrar que uma venda só está concluída depois de passar por um processo, por um conjunto de ações de responsabilidade de um vendedor. Gestão de *pipeline* é como se denomina um conjunto de conceitos e ferramentas de gestão de vendas que traz grande visibilidade, objetividade e eficácia à administração das oportunidades de vendas que estão sendo tratadas pela linha da frente. Uma boa gestão de *pipeline* começa a partir do mapeamento do ciclo de vendas. Cada empresa possui seu ciclo de vendas. Da mesma maneira, cada canal de vendas, segmento e setor de mercado também têm ciclos distintos. E as etapas que definem esses ciclos também podem ser diferentes.

O funil de vendas pode, além de gerar relatórios, permitir ao vendedor acompanhar seu desempenho e perceber quanto esforço será necessário para alcançar seus objetivos. Essa ferramenta se restringe a mostrar caminhos para que a meta da empresa seja atingida, e para apresentar ao vendedor, ainda, quanto será necessário ganhar por mês para conseguir realizar os próprios projetos pessoais.

Esse negócio pode ser usado como gerenciador pessoal que permite ao profissional analisar quantas visitas e propostas serão necessárias para fechar um número ideal de contratos ou vendas. Assim, ele consegue definir uma rotina, metas e uma boa previsão de retorno financeiro ao final do mês ou em um período estipulado.

Cada vendedor possui um grau de assertividade, por isso os números podem variar. O importante é enxergar o funil como ferramenta que ajuda a estabelecer uma rotina e a fazer uma análise diária do trabalho. Com esse pensamento, o profissional tem condições de avaliar questões importantes; por exemplo, o gerenciamento de tempo. A partir daí, pode analisar quais meios ajudarão a melhorar a assertividade e de que maneira é possível adequar a rotina para fechar negócios com maior valor agregado, por exemplo.

- Valor agregado é uma expressão originária de finanças, do processo de Avaliação de Valor Agregado (do inglês, EVA), que mede performance. Em sua forma abrangente, designa a percepção que um *stakeholder* tem do serviço ou produto que lhe é apresentado. É sempre uma percepção comparativa, tendo como base o preço do bem *versus* os atributos (funcionais ou não) percebidos. A noção de valor agregado traz a ideia de superação de expectativa em relação aos benefícios funcionais do bem;
- Valor agregado também se entende pelo resultado de processos e atividades adicionados a um item, produto ou serviço, que o valorizam em relação ao que ele era antes de esse processo ou atividade estar presente[53].

Para que serve o *pipeline* e qual é a sua aplicação?

O objetivo do uso do *pipeline* é ajudar o vendedor a gerenciar suas oportunidades de vendas, a cada estágio do funil, alimentando-as com informações relevantes obtidas durante suas interações com o cliente.

Conforme as oportunidades vão sendo nutridas de informações, elas caminham pelo *pipeline*, passando de estágio até chegar em 100%, que é o fechamento das vendas.

Avaliando o *pipeline* geral da empresa e em seguida, individualmente, o dos vendedores, é possível controlar analiticamente sua equipe de vendas e fazer comparativos interessantes dos clientes com base em um foco prudente. É possível distinguir os vendedores que

---

53 *Guia das melhores práticas de branding*. Associação Brasileira de Anunciantes (ABA). Disponível em: https://aba.com.br/wp-content/uploads/2021/11/Folheto-Movimento-de-Boas-Pr%C3%A1ticas-ABA-ok-digital-ok-1.pdf

não "prospectam", daqueles que não conseguem "fechar" negócios ou daqueles que estão trabalhando pouco mesmo.

Com base nessa metodologia, o gestor pode obter as seguintes informações:

- A quantidade necessária de clientes a serem fomentados para atingir o número de clientes compradores;
- O tempo do ciclo de venda e quais negócios demoram demais para se tornarem qualificados;
- A quantidade de vendas que evoluem e a quantidade que se perde por falta de negociação eficaz;
- A quantidade de negócios que são adiados ou agendados para a frente;
- Os motivos da não venda;
- Os motivos das perdas de negócios;
- A visão dos negócios que estão em andamento e caminhando para o fechamento da venda.

Ter controle sobre os passos e poder avaliar o processo de vendas em uma empresa é fundamental para o seu sucesso. Quando você divide sua empresa em departamentos, consegue identificar onde há problemas, o que pode ser melhorado etc.

É normal, portanto, que as empresas tenham muitas divisões, por exemplo: financeiro, RH, marketing, comercial. Mas será que em cada um desses departamentos as funções são bem organizadas? Será que essas funções também estão divididas corretamente em etapas?

É indispensável dividir cada uma dessas atividades em funções de uma empresa, a fim de se entender melhor o que ocorre na empresa e, portanto, poder otimizar os resultados.

A gestão de *pipeline* é uma ferramenta capaz de ajudar você a encurtar o ciclo de vendas (a vender mais rápido), melhorar a taxa de conversão, identificar e aproveitar as melhores oportunidades e, consequentemente, perder menos vendas.

Ela permite, também, medir performances individuais, assim como a de toda a equipe, pois favorece uma visão mais abrangente e geral de todo o processo, facilita a compreensão e permite acelerar o ciclo de vendas por meio do mapeamento de cada uma das etapas envolvidas.

Muitos erros na implantação e utilização de um *pipeline*, porém, podem inviabilizar o controle e a inspeção das atividades de vendas, bem como a utilização deste instrumento para uma tomada de decisão mais assertiva por parte da gerência das organizações. Alguns dos erros mais comuns existentes em muitas empresas são:

- As fases ou os *status* do *pipeline* são definidos com base no modo como a empresa vende, e não na maneira como o cliente se comporta num ciclo de vendas. Muitas vezes os *status* refletem apenas a burocracia interna da empresa, e não um processo eficiente de vendas. A implementação desses tipos de *pipelines* acaba perpetuando erros cometidos pelos vendedores e pela organização;
- Os percentuais associados em todos os *status* são compreendidos como probabilidades de se fechar o negócio, e não como percentual realizado do esforço total para se fechar o negócio. A probabilidade de se fechar um negócio deriva do esforço empregado, mas não é equivalente e, portanto, não pode ser utilizada para cálculo de previsões de vendas;
- O *pipeline* é entendido como equivalente a uma projeção de vendas, e não como um instrumento de controle de qualidade da carteira de oportunidades. Esse erro é derivado do anterior. As organizações multiplicam os valores das oportunidades de vendas pelos percentuais associados a cada uma delas e, então, o resultado é lido como a projeção de vendas para determinado período. O *pipeline* é um excelente instrumento para montar a previsão de vendas, mas o gestor tem que interpretar os dados

contidos nele. Essa interpretação definitivamente não é uma simples multiplicação da receita potencial de uma oportunidade pela probabilidade associada ao *status* no qual ela se encontra;
- As atividades no *pipeline* são enxergadas rigidamente como sequenciais, não dando margem para o vendedor "saltar" fases de acordo com as situações encontradas e sua habilidade de vender, nem voltar para os *status* anteriores, o que é muito comum num ciclo comercial, à medida que acontecem no ambiente do cliente e na própria venda;
- As atividades definidas para todos os *status* são somente aquelas que o vendedor deve fazer, não havendo atividades que meçam as reações mínimas do cliente e os compromissos correspondentes por parte dele, que são o que realmente caracteriza que uma oportunidade está caminhando dentro do *pipeline*;
- O *pipeline* é visto pela força de vendas – e muitas vezes pelos próprios gerentes de vendas – como mais um relatório a ser preenchido. À medida que o valor do *pipeline* como instrumento de autogestão não é compreendido pela força de vendas ou então não reflete as etapas reais de um processo de compra e venda, as informações contidas nele são inexatas ou nem existem.

Um funil com muitas oportunidades paradas num *status* inicial pode indicar que o dono daquelas oportunidades está tendo dificuldades em identificar as pessoas de decisão em sua clientela ou de se posicionar corretamente diante dela. Um funil com grande número de oportunidades paradas em sua etapa final pode identificar propostas colocadas prematuramente ou utilizadas apenas para balizar o preço de seus concorrentes.

Os vendedores costumam dizer que trabalham muito, mas quando analisamos o seu *pipeline* percebemos que as oportunidades não estão se deslocando pelos *status*. Ou seja, a força de vendas gasta energia, mas não realiza trabalho. Quantas organizações de vendas "andam" em círculos e não batem suas metas? Controlar a linha de produção de receitas por meio de um *pipeline* é um excelente caminho para sair de um círculo vicioso.

Diante do aumento generalizado dos custos de vendas, os vendedores e gestores da área devem controlar e inspecionar a sua linha de produção de receitas e a eficiência com a qual ela está sendo gerada. Um vendedor que fecha um negócio em quatro visitas ao invés de dez está contribuindo diretamente para a lucratividade de uma operação. Um *pipeline* balanceado que gera receitas constantes ao longo do tempo não implica mais esforço por parte do vendedor, já um funil balanceado com mais esforço do vendedor implica, sim, mais resultados de vendas.

O ciclo de vendas

As metodologias mais modernas de vendas apontam para um ponto anterior ao da venda potencial e que deve iniciar no marketing. O processo de vendas começa quando você dirige uma propaganda a determinado público.

A primeira triagem é o *lead*, ou seja, a forma inicial de separar o que interessa. O *lead* é alguém de quem você já tem informações básicas, por exemplo, nome, telefone, empresa ou mesmo o produto de interesse. Para passarmos desse momento, é preciso verificar se essa pessoa realmente está qualificada para o produto que se pretende vender.

Você define isso obtendo, por exemplo, as seguintes informações:

- O quanto se pode pagar pelo produto;
- A área de atendimento;
- Se há algum impeditivo (e não dificuldade).

Ao se certificar do real potencial de venda, esse *lead* deve ser tratado com mais cautela: é importante obter informações relevantes dessa empresa, o máximo possível de informações do seu contato na empresa, armazenando esses dados em algo como "perfil", "pasta" ou "conta" de uma empresa. Dentro dessa conta, será aberta uma oportunidade de venda; uma conta pode ter infinitas oportunidades de venda.

Não se deve ir "com muita sede ao pote" à oportunidade, não se deve esquecer o momento anterior. É possível, por sua vez, destrinchar a oportunidade em várias outras etapas que variam de acordo com o tipo de negócio e o porte da empresa.

Em uma loja física de sapatos não faz muito sentido dividir etapas, uma vez que a venda ocorre no ato.

Em todas as empresas em que a venda não é imediata, é preciso separar em etapas, ou seja, construir o *pipeline* das vendas. Quanto menos imediata é a venda, maior é o número de etapas nesse *pipeline*.

Veja as etapas das oportunidades separadamente:

1. *Análise de necessidades.* O vendedor deve entender o que esse novo ou atual cliente pretende comprar, do que ele precisa. Isso pode ser entendido por telefone ou por reunião.
2. *Proposição de valores.* Após ter entendido a necessidade do cliente, deverá ser feito um orçamento dos produtos no qual são informados os preços.
3. *Proposta comercial.* Considerando que os valores se adequem àquilo que o cliente procura, deve-se formalizar o orçamento por meio de uma proposta comercial e/ou contrato.
4. *Negociação.* Ninguém disse que seria fácil, não é? O cliente vai negociar, vai apresentar propostas de concorrentes etc.
5. *Forecasting (Previsão de Vendas).* Em que semana do mês atual ou dos próximos meses fecharei este ou aquele cliente? Profissionais de vendas controlam isso muito bem e sabem o período em que vão fechar os negócios em andamento.
6. *Contrato fechado.* O contrato foi fechado, você já tem a assinatura do cliente e, agora, a sequência se dará com outro pessoal.

Para a sistemática de atuação de algumas empresas, duas dessas etapas podem estar unificadas, ou mesmo uma delas ser dividida em cinco estágios, devido à complexidade da venda, ao número de pessoas envolvidas na aprovação, à sequência de reuniões necessárias etc. Entre cada uma dessas etapas deve haver condutores que mantêm a oportunidade viva: ligações e reuniões, por exemplo.

Essa técnica de vendas faz parte da metodologia CRM (*Client Relationship Management*), que visa ao funcionamento de uma empresa focando sempre no relacionamento com o cliente. Até por isso, na metodologia CRM o *pipeline* de venda começa um pouco mais lá atrás (no marketing); depois da venda concretizada, obter o *feedback* do cliente é indispensável, assim como o quanto ele ficou satisfeito com o produto ou serviço.

O cruzamento de todas essas informações e etapas permitirá um controle muito maior dos processos e identificar onde estão os pontos fortes os fracos. O objetivo de uma empresa, mais do que aumentar sua cartela de clientes, deveria ser aumentar o faturamento sobre a cartela atual, assim como a satisfação do cliente, porque é muito mais viável e vantajoso.

Para utilizar a metodologia do *pipeline* não é necessário adquirir no mercado um sistema de CRM ou de automação de vendas. Uma planilha Excel bem montada, por exemplo, pode muitas vezes ser mais útil do que um sistema caro, mal configurado ou mal utilizado. A gestão do *pipeline* é uma metodologia, e não uma tecnologia! Um sistema apenas apoia a metodologia pensada. É preciso customizá-la e parametrizá-la corretamente, além de treinar a equipe de vendas na utilização.

Se depois desta vasta leitura sobre o funil de vendas, você não compreendeu a importância e o poder de usá-lo, sugiro que *releia* até entender de fato.

Entretanto, se você já sabia ou entendeu a relevância dessa ferramenta, mãos à obra que ainda tem mais, muito mais!

Evidentemente, como antecipei, esses controles, somados às demais ferramentas que também mencionei, vão munir o gestor para a tomada de decisões com a sua equipe. A tomada de decisões estará alinhada às expectativas definidas por CEO e acionistas, e esses dois quadros – informações da base de clientes filtradas pelas ferramentas somadas às expectativas para o período – vão colocar você diante dos objetivos e metas comerciais. Considerando esses objetivos, o gestor deverá responder, por exemplo, às seguintes questões:

- Qual é a taxa percentual que poderei crescer este ano?
- Quanto representará em meu faturamento?
- Quanto representará em novos clientes?
- Quanto esforço (visitas, ações etc.) precisaremos fazer para chegar ao total de faturamento?
- Quantas propostas teremos que fazer?
- Quantas vendas teremos que fechar?

O próximo passo na elaboração da estratégia de vendas pelo gestor da área será olhar para o que conhecemos como Regra de Pareto ou Regra 80/20. A partir dela sabemos que 80% do faturamento de uma empresa, em geral, é assegurado por 20% dos clientes. Esses 20% da nossa carteira pode representar 10 clientes, por exemplo, ou menos, o que revelará o alto grau de vulnerabilidade em uma empresa (deixar a maior parcela do faturamento nas mãos de poucos clientes).

No gráfico a seguir nós temos a Curva ABC de clientes e a curva de potencial de compra desses mesmos clientes. Sabendo disso, o gestor promoverá a mobilidade na sua carteira, pois poderá acontecer de clientes do quadrante B terem o perfil do quadrante A, ou parte do quadrante B deverá ser movida para o quadrante C, ou algo assim.

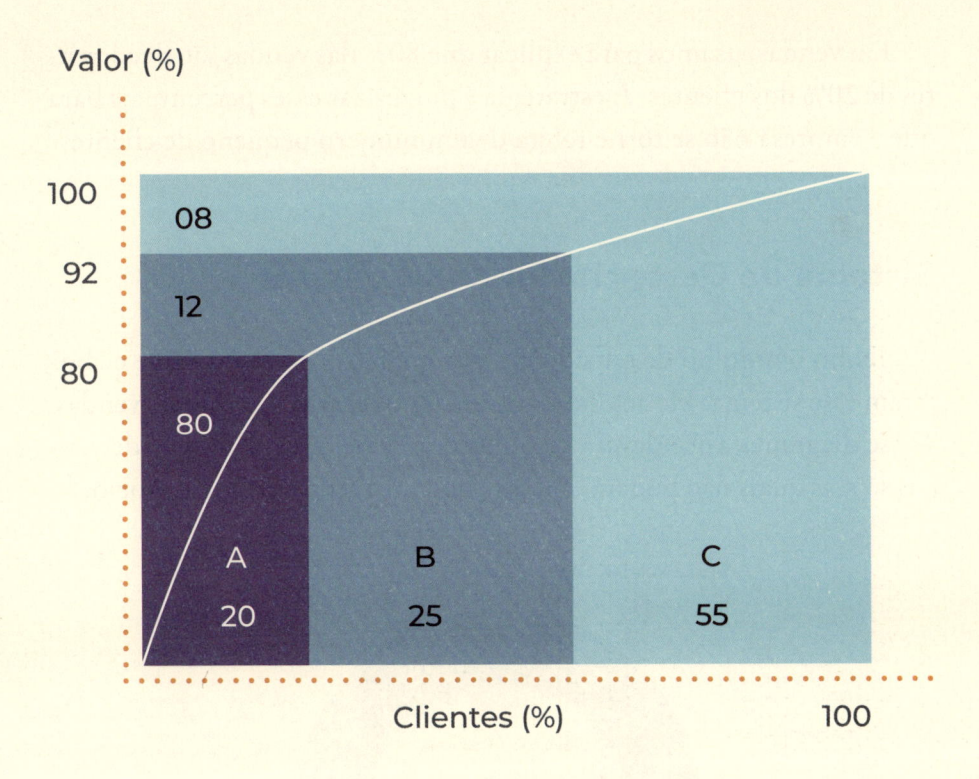

FIGURA 10 – CURVA ABC

A aplicação da Lei de Pareto tem como um dos benefícios principais a *melhora dos resultados obtidos*. Quanto mais a lei for aplicada, mais resultados positivos podem ser esperados, com menos esforço/investimento de tempo.

Na prática, o princípio 80/20 oferece a ideia de que 80% dos resultados obtidos vêm de 20% dos esforços empreendidos. A partir dessa percepção, é possível avaliar como otimizar a aplicação do tempo, reduzindo o esforço e melhorando os resultados alcançados.

A Lei de Pareto *não objetiva aumentar o volume de trabalho* executado. Ela é focada na realocação de esforços e tarefas para atingir melhores resultados, ao mesmo tempo que reduz os esforços aplicados.

Em vendas, usamos para explicar que 80% das vendas são decorrentes de 20% dos clientes. A estratégia é pulverizar esses percentuais para que a empresa não se torne refém de um número pequeno de clientes.

Sistema de Gerenciamento de Vendas

Tenho o orgulho de ter sido um dos quatro profissionais que elaboraram esse sistema. Ele auxilia a minimizar os erros na gestão de vendas. Nesse diagrama, você deverá reconhecer cinco etapas da gestão de vendas sem as quais não poderá esperar o menor sucesso no seu negócio.

SISTEMA DE GERENCIAMENTO DE VENDAS

Cobertura e segmentação de mercado
Configuração de território
Tamanho da força de vendas
Tipo de venda
Canal de distribuição
Organização de processos

Organiza
Refere-se a formatos ou configuração

Supervisão de pessoas
Avaliação de resultados e desempenho
Suporte, acompanhamento
Orientação, capacitação
Fatores críticos de sucesso

Operacionaliza
Operaionalização do modelo

Estrutura
Sistemas
Práticas Gerenciais
Estratégias
Tecnologia de Informação

Política e procedimento
Comunicação
Treinamento e desenvolvimento
Remuneração, prêmios e reconhecimento
Gestão de negócios
Avaliação de desempenho

Viabiliza
Refere-se a processos de inormações

Estratégias de marketing
Estratégias de criação de valor
Estratégias competitivas
Estratégias políticas
Estratégias de abordagem

Orienta
Indica a direção para os esforços e o gerenciamento

Informações de mercado
Informações de clientes
Informações sobre produtos (oferta)
Informações sobre concorrentes
Informações sobre negócios (gestão)

Suporta
Suporta a administração de vendas

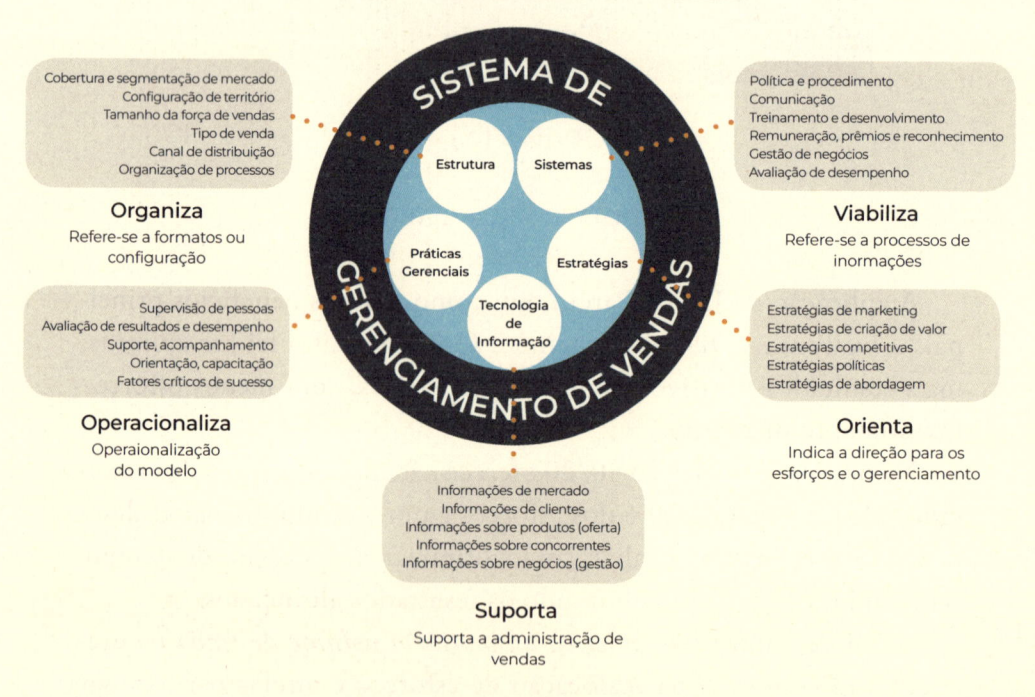

FIGURA 11 – SISTEMA DE GERENCIAMENTO DE VENDAS

Infelizmente, a grande maioria dos gestores está empacada na última etapa – as práticas gerenciais –, a que operacionaliza o processo. Mas eles queimam o fundamental, que é a preparação mais que necessária para poder pensar em uma operação exitosa, e o pior: não sabem como realizar as etapas preparatórias, que são as quatro primeiras.

Gestão do tempo e dos recursos

Um dos maiores desafios dos executivos de vendas é administrar o tempo e os recursos para conseguir os resultados desejados. A seguir, apresento um modelo de administração de vendas lógico e abrangente, que permitirá uma atuação efetiva e precisa no exercício da função de gerenciamento de vendas. Chamo a atenção para o fato de que não é o único modelo, mas um modelo derivado de adaptações e experiências bem-sucedidas, tanto para vendas individuais (B2C) como para vendas corporativas (B2B).

Os modelos escolhidos são constituídos de cinco dimensões e respectivos componentes. As dimensões e componentes interagem e criam a dinâmica do modelo. Os componentes de cada uma das dimensões precisam ser adequados ao ambiente específico de vendas para que sejam efetivos.

As dimensões são: estrutura, sistemas, estratégias, tecnologia da informação e práticas gerenciais.

Estrutura

Refere-se a formatos ou configurações de áreas básicas e críticas para a atuação de vendas. Constituem a dimensão da estrutura os seguintes componentes descritos detalhadamente a seguir: cobertura e segmentação de mercado, configuração de territórios, organização e processos.

COBERTURA E A SEGMENTAÇÃO DE MERCADO. Devem representar uma estrutura escolhida para atingir os compradores potenciais, considerando-se suas particularidades e similaridades. O objetivo desse componente é estar o mais próximo possível dos compradores em todas as etapas da venda (pré-venda, venda e pós-venda). É necessário avaliar e decidir em função dos objetivos comerciais, particularidades e recursos, um modelo de cobertura e, se necessário, um tipo de segmentação de clientes adequado. Talvez o primeiro fator a ser levado em conta para essa decisão seja o dos aspectos geográficos relacionados à localização dos compradores potenciais e atuais. As cidades, os estados, os bairros e as situações de concentrações de compradores e a capacidade de atingi-los influenciam no desenho da cobertura.

Muitas ofertas são específicas e especializadas, muitos compradores (individuais e corporativos) têm particularidades nos seus processos de compra e na utilização do que vai ser comprado/vendido. Isso pode exigir uma segmentação específica; em outras palavras, reunir semelhanças e particularidades em grupos de compradores para ganhar em conhecimento e especialização. Por exemplo, governo e empresas privadas, pequenas e médias empresas, residências, indústria e comércio, indivíduos. Uma boa segmentação de clientes permite potencializar a utilização dos recursos de vendas, focar e personalizar a atuação de vendas.

CONFIGURAÇÃO DE TERRITÓRIOS DE VENDAS. Para conseguir tornar a cobertura e a segmentação efetivas, é necessário ter uma configuração de territórios de vendas adequada. A determinação e a configuração de vendas permitirão identificar, por exemplo, o tamanho, o tipo e o perfil da sua força de vendas.

Para vender e manter um tipo de comprador (individual ou corporativo) que tem um processo de compra complexo (avaliação, decisão, aprovação e utilização), que tipo de organização será capaz de atendê-lo? Quantos territórios de vendas? Quantos clientes por vendedor? Qual deve ser o perfil do vendedor? Qual é a quantidade de vendedores necessária? Diretos ou representantes comerciais? E supervisores? Gerentes? E as competências exigidas (conhecimentos, habilidades e experiência)? Quais são as atividades de vendas necessárias para fazer com que o processo de vendas seja efetivo? E o suporte a vendas? Qual deve ser a cadeia de valores (processos internos e externos) para suportar esse tipo de venda e comprador? Quais devem ser as funções e as responsabilidades de cada componente da cadeia de valores? Como funcionará? E a comunicação, a subordinação e a coordenação? Essas são algumas das muitas perguntas que exigem respostas no momento da configuração de territórios de vendas e todas as respostas envolvem os componentes de organização e o processo da dimensão da estrutura do modelo apresentado. Isso comprova, conforme mencionado, a importância da interação entre as dimensões e os componentes do nosso modelo.

Resumidamente, a dimensão estrutural do modelo de administração de vendas apresentado é a arquitetura utilizada para termos a capacidade de chegar aos compradores e administrar o seu processo de compra de forma efetiva e favorável.

Cabe mencionar ainda que as tecnologias atuais de informática, telecomunicações e transporte favorecem as estruturas comerciais, aumentando o seu alcance e sua abrangência com poucos investimentos. Exemplos disso são as negociações cada vez mais frequentes feitas através de internet, telefonia e as configurações de territórios virtuais.

ORGANIZAÇÃO E PROCESSOS. Que cada cliente é diferente e possui características próprias não é uma novidade. Contudo, não cabe mais à área de vendas um perfil camaleônico, desestruturado. Visando formatar um comportamento otimizado e, sobretudo, de imagem e qualidade para a empresa, é imprescindível o conhecimento do que são a organização e os processos no trabalho de vendas.

Esses são tópicos pertinentes em toda gerência de vendas. A organização no cotidiano dos vendedores pode ser definida pela empresa ou pelo vendedor e está interligada ao planejamento. O objetivo maior é estabelecer um perfil único e, de preferência, que ressalte no mercado a própria empresa, fazendo com que o cliente reconheça a "incomparável" diferença de ser bem atendido.

Os processos são, na verdade, o "como" se organizar. São rotinas a serem seguidas de modo a estabelecer um padrão. Os processos devem se preocupar com o grau de satisfação e retenção de clientes, bem como de propiciar à área de vendas uma maneira de realizar suas tarefas com praticidade, coerente com a filosofia da empresa e, principalmente, demonstrando o diferencial que ela oferece. É interessante lembrar que a imagem da empresa no mercado e, especificamente com os seus clientes, é formada pelas informações conotativas e denotativas que seus funcionários transmitem. Como grande parte dos relacionamentos estabelecidos fora da empresa é determinada pela força de vendas, não podemos deixar de nos preocupar e sempre revisar a qualidade e a eficiência dos processos.

Sistemas

A segunda dimensão do modelo refere-se a processos de informações que atendam as demandas e a dinâmica da venda. Esses processos são desenvolvidos e implementados com o propósito de garantir a funcionalidade e a efetividade da força de vendas. Os seus componentes genéricos são: política e procedimentos, comunicação, treinamento e desenvolvimento, remuneração, prêmios e reconhecimento, gestão de negócios e avaliação de desempenho.

POLÍTICAS E PROCEDIMENTOS. Esse componente refere-se ao estabelecimento da forma de atuação da força de vendas. É necessário orientar a atuação das diversas funções de vendas definindo papéis e responsabilidades para garantir e nortear o que deve ser feito no desempenho de suas funções. Instruções claras e bem definidas devem acontecer.

Muitas organizações de vendas, por não terem políticas e procedimentos definidos e divulgados, enfrentam graves problemas de desempenho de vendas, pois as pessoas, por não terem orientações claras, escolhem a sua forma de atuar, que nem sempre é adequada e efetiva. Aspectos de procedimentos éticos, comerciais e pessoais também devem fazer parte desse componente.

COMUNICAÇÃO COM A EQUIPE. É preciso desenvolver e manter um sistema de comunicação frequente e atualizado com a força de vendas. As informações que constituem esse componente são aquelas que impactam diretamente no desempenho das funções de vendas. Informá-los a tempo sobre novos produtos e preços, promoção, formas de comercialização, estratégias de marketing e vendas, estoque disponível e novos procedimentos é crítico para a atuação efetiva da força de vendas. É necessário um sistema adequado de comunicação com a força de vendas que represente uma significativa vantagem competitiva.

TREINAMENTO E DESENVOLVIMENTO. Cada função de vendas exige conhecimentos e habilidades específicas para desempenho pleno da sua atividade. É importante identificar as necessidades de treinamento e desenvolvimento de cada uma das funções ou cargos de vendas, e desenvolver e disponibilizar programas e atividades de treinamento para aquisição, manutenção e aperfeiçoamento de competência de vendas. Muitos problemas de desempenho de vendas relacionam-se à falta de conhecimentos e habilidades básicas e essenciais de vendas.

REMUNERAÇÃO. O sistema de remuneração de vendas é um dos pontos críticos da administração da área. Não é fácil nem simples desenhar um sistema de remuneração atraente para as funções de vendas e eficaz para as organizações. E mais: em um ambiente permanentemente em mudança, é preciso atualizar constantemente as regras de remuneração para que elas representem estímulos importantes e atraentes. Em geral, algumas organizações de vendas utilizam, como base da remuneração, parte fixa e mais variável e conseguem bons resultados desde que saibam dimensionar as partes e adequá-las ao momento comercial. O resultado de uma venda é o reflexo de seu sistema de remuneração (que atua como fator motivacional). Exclusivamente, uma remuneração variável trará como resultado um bom volume de vendas e um baixo nível de relacionamento com o cliente.

Prêmios e reconhecimento. É sabido que as funções de vendas são muito sensíveis a estímulos, além da remuneração ou comissionamento. Ter um sistema de premiação e reconhecimento adequado e atraente traz e mantém sempre bons resultados. Isso deve ser muito bem administrado pelos gestores de vendas para aproveitar totalmente a potencialidade do sistema de prêmios e reconhecimento.

Gestão de negócios. É necessário ter um sistema que permita acompanhar os resultados das atividades realizadas pelas funções de vendas. Um sistema que deve ser desenhado de acordo com o processo de tomada de decisão dos clientes/compradores e o processo de vendas do produto ou serviço. O primeiro desafio desse componente é entender como os seus compradores tomam decisões de compra e que atividades a força de vendas deve desenvolver para ajudar e acelerar essas decisões. O sistema desenhado deve prever as atividades a serem desenvolvidas pela força de vendas, desde a identificação do cliente, passando pela compreensão de suas necessidades e a venda de benefícios, até a avaliação de sua satisfação.

Assim será possível prever, realizar e acompanhar os resultados das ações executadas. Algumas ofertas (produtos ou serviços) passam por um processo de compras simples e rápido; outras passam por processos complexos e demorados. É necessário identificar as etapas desses processos para desenvolver um sistema de gestão de negócios eficaz.

A força de vendas precisa ser informada sobre o sistema e entender claramente o que deve ser feito para conseguir vender.

Hoje, tecnologias permitem a implementação de sistemas de gestão de negócios abrangentes e confiáveis usando microinformática e telecomunicações. Alguns *softwares* ajudam na visibilidade, na consolidação e no acompanhamento de resultados de negócios integrando os CRMs utilizados por empresas de todos os portes, por exemplo: Pipedrive, Salesforce, SugarCRM, RD Station.

AVALIAÇÃO DE DESEMPENHO. Recrutar, selecionar, contratar, treinar e manter vendedores envolve, normalmente, um alto investimento e de grande risco. Tomar decisões nessas áreas é sempre difícil porque, em geral, são baseadas em fatores subjetivos. Um sistema de avaliação de desempenho objetivo e claro ajuda a tomar decisões mais precisas e confiáveis. Empresas costumam adotar sistemas de avaliações de desempenho que são utilizadas para todos os seus funcionários com o objetivo de premiações periódicas em função de resultados empresariais. Perdem, assim, a funcionalidade do instrumento. Para vendas, como para outras áreas, a avaliação de desempenho deve ser constante e dinâmica, permitindo identificar imediatamente discrepâncias de desempenho e suas causas com base em um modelo. Um modelo efetivo é aquele que contempla as competências exigidas dos diversos cargos e funções de vendas, e os resultados práticos obtidos no desempenho dessas funções em determinado período pelos indivíduos. Partindo-se de um padrão de profissional modelo, determinando as competências exigidas, é possível comparar os perfis atuais e identificar o que será preciso fazer para chegar ao padrão ideal. É claro que competências devem estar relacionadas a resultados esperados.

Os gestores de vendas precisam ter padrões de desempenho desejado como métricas e processos de acompanhamento (vamos falar deles no tópico práticas gerenciais) para gerenciar com efetividade seus subordinados e tomar decisões acertadas. Uma organização de vendas que não tem um sistema de avaliação de desempenho confiável e implementado perde na qualidade de suas decisões gerenciais e no retorno de seus investimentos na força de vendas.

A dimensão de sistemas do modelo de administração de vendas tem utilizado, com muita frequência e eficácia, as novas tecnologias e plataformas de redes corporativas e acesso remoto (internet, intranet e correio eletrônico) para a implementação de suas soluções.

Estratégias

Essa dimensão do modelo orienta a atuação de vendas: a primeira (a estrutura) organiza, a segunda (o sistema) viabiliza. As estratégias indicam a direção para a qual devem ser dirigidos os esforços e o gerenciamento das ações táticas. Portanto, orientam a força de vendas.

Considerando os vários tipos de estratégias comerciais, é nessa dimensão (estratégia) que elas são transformadas em resultados de negócio. Assim, a seguir vou fornecer algumas orientações importantes.

ESTRATÉGIAS DE MARKETING E PRODUTOS. Precisam ser informadas para a força de vendas de maneira clara e adequada. Precisamos contar com sistemas de comunicação de vendas (lembra da dimensão de sistemas comentada anteriormente?) que permitam manter as funções de vendas informadas e comprometidas com o desenvolvimento dessas estratégias. É muito comum encontrar organizações de vendas que não têm ideia da existência de estratégias corporativas para determinado segmento ou produto. As áreas de marketing corporativo muitas vezes fracassam em suas estratégias porque o setor de vendas não tomou conhecimento delas e, portanto, não participou da sua implementação. Outras vezes, iniciaram ou modificaram estratégias de produtos sem comunicar à operação comercial. Os gestores de vendas precisam estar atentos às novidades e às mudanças de estratégias de marketing e produtos para comunicarem ao seu pessoal e prepará-los para as mudanças (exploraremos mais este assunto quando falarmos da dimensão de práticas gerenciais do modelo). Lembre-se: essas estratégias que geralmente não são desenvolvidas em vendas, e sim em marketing, são críticas para os resultados comerciais e dependem da atuação eficaz da força de vendas.

ESTRATÉGIAS DE CRIAÇÃO DE VALOR. Podemos chamar também de abordagem de vendas. É a essência e a força da comunicação de vendas. As ofertas possuem valores agregados (características e atributos) que precisam ser comunicados aos compradores com o objetivo de serem valorizados (valor percebido ou reconhecido). O sucesso de vendas depende da efetividade dessa comunicação. As funções de vendas precisam conhecer os valores que devem comunicar e reforçar aos seus clientes. Queremos que os nossos vendedores tenham a capacidade de convencer os clientes de que a nossa oferta é a melhor alternativa. É preciso encontrar a melhor abordagem de vendas, a mais adequada, eficaz e convincente. Identificar os valores, comunicar e avaliar a aceitação é uma fórmula simples e lógica, porém a sua importância é muito pouco considerada pelos gestores de vendas. É de vital importância para o êxito das vendas ter e utilizar as estratégias de criação de valor. A todo momento devemos avaliar a compreensão e o uso dessas estratégias pela força de vendas.

ESTRATÉGIAS COMPETITIVAS. Os mercados, com raríssimas exceções, estão cada vez mais competitivos. São muitas as alternativas de ofertas e fornecedores, há pressão para baixar o custo, pouca ou nenhuma diferença significativa, e um nível cada vez mais alto de exigência dos compradores. E muito mais. Ter que enfrentar fortes concorrentes, atualmente, é uma situação normal. As organizações de vendas precisam de estratégias competitivas para enfrentar os seus concorrentes durante as oportunidades de vendas, pois é o comprador o juiz desse confronto. A força de vendas precisa conhecer e utilizar essas estratégias para vencer os concorrentes. São vários os processos utilizados e disponíveis para desenhar esse tipo de estratégia. O importante é tê-los desenvolvido, comunicado e implementado.

Estratégias políticas. Cada vez mais as organizações de vendas estão convencidas de que o relacionamento com seus clientes é uma poderosa vantagem competitiva. E estão investindo muito para conseguir isso. Esse tipo de estratégia visa conquistar e manter um alinhamento político com seus compradores para conquistar negócios. Não basta ter ofertas interessantes, é preciso ter os clientes usando sua influência e seu poder na organização para escolhê-lo como fornecedor. As estratégias políticas de uma organização de vendas devem orientar a força de vendas para conseguir e manter relacionamentos com pessoas-chave da organização dos clientes. Isso deve ser divulgado e valorizado pelos gestores de vendas.

Nesse ponto da descrição do modelo de administração de vendas podemos constatar a necessidade de interação entre dimensões e componentes. Por exemplo, para obter os resultados esperados da dimensão *Estratégias* será necessário contar com sistemas efetivos de treinamento e desenvolvimento. Ainda, para o desenvolvimento e implementação de estratégias vencedoras é necessário ter informações sobre os clientes e concorrentes. Isso será possível na dimensão de tecnologia de informação. Reitero que, para que o modelo apresentado seja utilizado plenamente, é preciso considerar a interação e a dinâmica das suas dimensões e componentes.

Assim, a primeira dimensão do modelo: Estrutura – organiza. A segunda: o Sistema – viabiliza. A terceira: Estratégia – orienta a administração de vendas.

Tecnologia IA-BI

A quarta dimensão do modelo suporta a administração de vendas. Sem informações disponíveis, pertinentes e atualizadas, as outras dimensões perdem a eficácia. A tecnologia vem ganhando importância no mundo dos negócios. Hoje, muitas empresas tratam essa dimensão como área funcional. Com muitos recursos e especialização, profissionais especializados nas diretorias e gerências de BI (*Business Intelligence*) ajudam a desenvolver e melhorar os processos de negócio internos e externos de suas empresas.

Para a administração de vendas, BI desempenha papel importante e crítico. Vendas depende cada vez mais de BI para conseguir resultados. As informações necessárias sobre o ambiente comercial podem ser divididas em grandes grupos, conforme explicarei a seguir.

INFORMAÇÕES DE MERCADO. Relacionam-se ao segmento que atuamos. As informações sobre tendências, tecnologias, fatores críticos de sucesso, investimentos, regulamentação, liderança, novos entrantes e concorrência devem estar disponíveis e atualizadas. Ao analisar essas informações, teremos uma visão do ambiente competitivo que nos aguarda.

INFORMAÇÕES DE CLIENTES. Precisamos, cada vez mais, conhecer os nossos clientes mais intimamente. Não é suficiente ter informações sobre a localização deles. É imprescindível conhecer as suas particularidades: perfil pessoal ou corporativo; processo de tomada de decisão de compra; critérios principais de compra; hábitos; possíveis aplicações para o que estamos vendendo; oportunidades potenciais; atuais problemas; necessidades presentes e futuras; satisfação atual; capacidade financeira e todos os aspectos relacionados à sua decisão de compra.

Quando a oferta é algo simples de comprar e utilizar, a quantidade de informações necessárias sobre o comprador é menor do que quando vendemos algo complexo, cujo processo de vendas envolve vários contatos e o risco da decisão de compra é alto.

Um ponto importante a considerar: o conhecimento do cliente (as informações que permitem compreender a sua situação) é uma importante vantagem competitiva. O desafio para os administradores de vendas é identificar quais as informações permitirão esse conhecimento.

INFORMAÇÕES SOBRE PRODUTOS. Uma das competências mais básicas e essenciais de vendas é o conhecimento do produto que se vende. Com a velocidade das mudanças, algumas vezes a força de vendas não tem capacidade de assimilar as informações sobre novos produtos ou modificações em produtos comercializados. Isso acarreta um impacto negativo muito grande nas vendas. É preciso que vendas tenha um conhecimento pleno das características e aplicações potenciais dos produtos comercializados. O conhecimento profundo da oferta (produtos ou serviços) para enriquecer e tornar a comunicação de vendas eficaz é algo decisivo no ambiente de vendas competitivo em que vivemos. Ministrar treinamento sobre o produto é uma das alternativas para desenvolver o conhecimento das ofertas comercializadas. É necessário, no entanto, disponibilizar informações estruturadas e atualizadas sobre as características e os benefícios potenciais de todas as ofertas comercializadas para que a força de vendas as utilize no momento decisivo – na venda. Os gestores de vendas devem estar sempre buscando desenvolver e disponibilizar essas informações para seus subordinados. As tecnologias hoje disponíveis permitem acesso fácil e rápido às informações. Buscar soluções nessa área é questão de criatividade e disponibilidade de orçamento.

INFORMAÇÕES SOBRE CONCORRENTES. Esse tipo de informação crítica inclui dados sobre os concorrentes. É necessário reunir e analisar informações sobre a atuação comercial de fornecedores que disponibilizam algo similar ou igual ao que oferecemos. Essas informações devem contemplar dados sobre as entidades concorrentes, tais como estrutura, organização, detalhes sobre produtos ou serviços ofertados, preços praticados, estratégias de comercialização, abordagem de vendas, tipo de relacionamento com clientes, pontos fortes e fracos, tendências e prioridades, perfil de vendedores e padrão de atuação. Cabe lembrar que essas informações devem ser disponibilizadas para a força de vendas. São elas que ajudarão a escolher e implementar as estratégias competitivas (terceira dimensão do modelo).

O grande desafio para os administradores de vendas nessa dimensão é identificar quais são as informações adequadas (relevância e utilidade) e quais devem ser os processos (tecnologia) utilizados para disponibilizá-las.

Práticas Gerenciais

É a dimensão de operacionalização do modelo. É a dinâmica resultante da atuação gerencial. É nessa dimensão que as coisas acontecem, ou fazemos acontecer. O papel dos gerentes e supervisores de vendas é o ponto crítico. Dizemos que essa dimensão é a humana. É nela que os gestores garantem que o que foi planejado será ou está sendo realizado, ou pelo menos que haverá uma tentativa de viabilizá-lo.

As práticas gerenciais envolvem, principalmente, a supervisão de pessoas e a avaliação de resultados e desempenhos. Supervisionar as atividades de colaboradores nas suas rotinas significa acompanhar a dinâmica do trabalho para verificar se os procedimentos, os sistemas e as orientações estão sendo utilizados e se os resultados esperados estão sendo alcançados, além de interferir de maneira eficaz quando necessário.

Se considerarmos que os problemas de desempenho da força de vendas ocorrem devido às falhas na execução das tarefas ou na falta de conhecimento, os gestores deverão ser capazes de identificar as verdadeiras causas com mais precisão, pois as soluções exigidas são de características diferentes.

As práticas gerenciais, além da supervisão, envolvem suporte, acompanhamento, orientação e treinamento no trabalho para eliminar e contornar possíveis obstáculos e ajudar a força de vendas a superá-los. Para que isso seja possível, é necessário participar, ouvir os colaboradores, tomar conhecimento dos acontecimentos e implicações, esclarecer dúvidas, reformular pontos de vista e suscitar atitudes conducentes às que a empresa deseja. Além da administração do desempenho de colaboradores, os gestores devem ser capazes de recrutar e selecionar vendedores. Formar equipes de alta performance é sempre um fator crítico de sucesso para os administradores de vendas.

Os gestores precisam conhecer bem todas as dimensões e particularidades da administração de vendas para poderem aproveitar totalmente a sua potencialidade. O resultado da eficácia gerencial depende muito desse fator.

No sistema de gerenciamento de vendas, conforme nós pensamos, o primeiro passo está na *Estrutura*, como você poderá conferir na figura da página 152. Qual é a estrutura do seu negócio? Como se divide o território coberto por sua força de vendas? Qual é o seu posicionamento no mercado? Quem são os seus canais de distribuição e como está a organização dos seus processos?

Território é a definição de um grupo de clientes ou área geográfica sobre a qual um vendedor individual ou uma equipe de vendas deve atuar. A organização desses territórios de vendas geralmente se fundamenta:

- Em uma base geográfica;
- No potencial de vendas;
- No histórico dos clientes e dos vendedores; ou
- Em uma combinação de todos esses fatores.

O objetivo dessa divisão de áreas é maximizar as vendas e os lucros e alocar recursos e pessoal da maneira mais eficiente. O que se ganha elaborando a definição de territórios de vendas é:

- Organizar territórios de vendas de forma adequada;
- Aumentar o moral de sua equipe de vendas de modo objetivo;
- Ter vendedores certos para os clientes certos;
- Aumentar as vendas (mais objetividade e assertividade);
- Fornecer uma base de clientes maior e inspirar o trabalho em equipe (cada um em seu território).

Nessa etapa, o gestor possui o visual panorâmico que precisará ter antes de iniciar toda e qualquer ação. Aqui é possível enxergar a presença ou falta dela em determinada área do território coberto (ou que se pensa estar cobrindo) e, então, decidir se coloca ali um distribuidor (e qual o seu tipo) ou não.

O planejamento de território de vendas vai ajudar o gestor comercial a quantificar e alocar seus recursos de acordo com a estratégia comercial definida. A divisão poderá ser realizada por produto, por cliente, por função de vendas ou por território.

Recomendo que se faça a divisão por produto quando houver uma grande diferença na linha de produtos. Nesse caso, os vendedores deverão se especializar em um produto ou linha específica. Divida por clientes quando a especialização da sua equipe precisar ser feita na abordagem de vendas (venda direta e *key account*, por exemplo). Sugiro dividir por função de vendas quando os produtos forem complexos e compostos por diferentes tipos de atividades de vendas que requerem diferentes habilidades dos vendedores. Por último, divida por território quando o vendedor precisar comercializar todo o portfólio da empresa na região de atuação.

Ainda são possíveis outros critérios, por exemplo: cultura (de gêneros alimentícios), por perfil dos clientes e por tamanho dos clientes; isso tudo dentro de um território.

Por que se preocupar com a organização de territórios de vendas? Existem três razões principais. A primeira delas é atender melhor aos clientes. Assim, definem-se territórios em função de seu perfil, gerando um bom atendimento ao cliente. Isso aumenta os números de vendas e a satisfação.

A segunda razão relaciona-se aos vendedores. O vendedor que tem um estilo de vendas adequado ao seu território ficará muito mais motivado. A sua avaliação de desempenho provavelmente será excelente no final do período. Além disso, a organização de territórios de vendas diminui a rotatividade de funcionários, ao mesmo tempo em que a possibilidade de bater as metas aumenta.

A terceira razão está relacionada ao gerenciamento, em função da existência de filiais, gerentes regionais, demandas específicas e outros fatores, os territórios são determinados para facilitar a gestão e o controle.

Em seguida, na segunda etapa do sistema de gerenciamento de vendas, estão os sistemas. Estes viabilizam os processos de informação. Neles, o gestor deverá encontrar informações sobre política e procedimento, comunicação, plano de treinamento e desenvolvimento, previsão ou plano de remuneração, premiação e reconhecimento, assim como os princípios de gestão do negócio e avaliação do desempenho da equipe e, também, o cumprimento dos procedimentos previstos no seu plano de negócios.

Tendo domínio dessa etapa, passa-se à terceira, que é a das sempre determinantes estratégias. As estratégias orientam a gestão e apontam para a direção em que os esforços e o gerenciamento deverão caminhar. Nas estratégias estão todas as ações: as de marketing, as de criação de valor, as competitivas, as políticas (de canais, de clientes etc.) e as políticas de abordagem.

A penúltima etapa é a da tecnologia, que poderia ser a Inteligência Artificial, a qual suporta ou apoia a administração de vendas. Nessa quarta etapa, o gestor deverá encontrar informações de mercado (e qual tipo de relatório os vendedores deverão produzir para alimentar a base de dados), de clientes, sobre produtos (oferta), sobre a concorrência e sobre o próprio negócio, que é a gestão.

Só então, depois de aprendidas todas essas informações e cumpridas todas as quatro primeiras etapas é que será possível falar em operacionalizar vendas, isto é, o contato com o cliente jamais poderá acontecer antes de termos planilhado e reunido toda informação relevante sobre esse universo.

Como pode ser que alguém imagine que apenas com a parte operacional é possível fazer uma gestão comercial? É simplesmente impensável!

Então, a quinta e última etapa do sistema de gerenciamento de vendas é a das políticas gerenciais, que operacionalizam o modelo adotado pelo gestor e sua equipe. Elas dizem respeito à supervisão de pessoas, avaliação de desempenho e de resultados, suporte ao pessoal, acompanhamento, orientação, capacitação e conhecimento e gestão de fatores críticos de sucesso.

É na etapa da operacionalização que entrará a composição do *job description* detalhado e por posição, desde o gerente de marketing, do diretor e dos gerentes de vendas, aos vendedores, *key accounts* (se existir um) e distribuidores.

A seleção de vendedores eficientes é um fator vital na criação de uma força de vendas bem-sucedida. Em média, os melhores 27% da força de vendas são responsáveis por 52% das vendas. Assim, é um grande desperdício contratar as pessoas erradas, uma vez que a rotatividade anual média de representantes de venda em todos os setores chega quase a 20%.

A rotatividade da força de vendas resulta em vendas perdidas, gastos com seleção e treinamento de novos profissionais e, muitas vezes, uma sobrecarga dos vendedores que permanecem na empresa.

Definidos os seus critérios de seleção, a gerência passará a recrutar. O departamento de Recursos Humanos poderá pedir indicações aos atuais vendedores, recorrer a agências de empregos, publicar anúncios *on-line*, entre outros meios; e os procedimentos de seleção poderão variar desde uma única entrevista informal até longos testes e entrevistas.

Assim, esse é um quadro geral da gestão de vendas dentro do cenário proposto por este livro, do modo como tenho ensinado em minhas palestras e executado nas assessorias que tenho prestado a diversas empresas dentro e fora do Brasil.

> Planejar e executar não são termos com significados opostos, mas complementares. Se executar sem planejar significa apagar incêndios, planejar sem executar é como falar ao vento, ou seja, de nada servirá o que foi planejado.
> *Claudio Tomanini*

# 9.
O planejamento

Vimos como a gestão de vendas envolve múltiplos conhecimentos e processos e o planejamento, nesse meio, pode ser iniciado a partir de perguntas para impulsionar o seu ponto de partida. Sugiro algumas:

- Qual é a situação da empresa no momento?
- Quais são as limitações enfrentadas?
- O que a concorrência está fazendo?
- Qual é o diferencial que pode ser implantado?
- Quanto dinheiro pode gerar?
- Como vencer a competição?
- Como nos preparamos para o jogo?
- Seu time é vencedor?
- *Call to action* – do que você precisa?

É por meio do planejamento estratégico que o profissional de vendas estabelece os rumos que vão direcionar suas atividades em busca dos resultados previstos, assim como o monitoramento de seus resultados. O objetivo do planejamento é fornecer aos profissionais de vendas uma ferramenta para muni-los de informações para a tomada de decisões, ajudando-os a atuar de forma proativa e antecipar-se em relação às mudanças ocorridas no mercado de atuação.

Via de regra, e nunca é demais alertar, quem não planeja acaba se concentrando excessivamente no operacional, atuando, sobretudo, como um bombeiro que vive apagando incêndios, mas que não consegue enxergar o que os provoca. Mas como evitar essa armadilha do imediatismo nas vendas? Como garantir um tempo e um espaço relevante para o planejamento dentro da empresa, tendo em vista as inúmeras atribuições existentes no seu dia a dia? Como definir um processo de planejamento realista diante das intensas e profundas mudanças ocorridas na atualidade, numa velocidade tão grande?

Planejar e executar não são termos com significados opostos, mas complementares. Se executar sem planejar significa apagar incêndios, planejar sem executar é como falar ao vento, ou seja, de nada servirá o que foi planejado.

No primeiro momento, é provável que o profissional de vendas tenha que dedicar um tempo extra para fazer o planejamento sem deixar de realizar as tarefas operacionais, mas, à medida que percebe que o planejamento economiza recursos, minimiza os erros, simplifica os processos e traz resultados, essa nova atividade passa a ocupar o tempo necessário nas atividades rotineiras.

O primeiro passo do processo de planejamento é o diagnóstico estratégico; é por meio dele que o profissional vai se munir das informações que vão nortear o seu plano. O diagnóstico estratégico pode ser comparado a um radar ligado 24 horas por dia, sempre pronto a captar e manter atualizado o conhecimento da empresa em relação a si própria e ao ambiente, visando identificar e monitorar permanentemente as variáveis competitivas que afetam a sua performance. É com base no diagnóstico estratégico que a empresa e seus profissionais vão se antecipar às mudanças e preparar-se para agir em seus ambientes internos e externos.

Segundo Mintzberg, o planejamento é uma "forma de pensar no futuro, integrada no processo decisório, com base em um procedimento formalizado e articulador de resultados".

Para Peter Drucker, "planejamento de longo prazo não lida com decisões futuras, mas com o futuro de decisões presentes". Ele também diz que "o planejamento não é uma tentativa de predizer o que vai acontecer. O planejamento é um instrumento para raciocinar agora, sobre que trabalhos e ações serão necessários hoje, para merecermos um futuro. O produto final do planejamento não é a informação: é sempre o trabalho".

Como planejamento envolve questões futuras, Ronald T. Laconte diz que "assumir uma atitude responsável perante o futuro sem uma compreensão do passado é ter um objetivo sem conhecimento. Compreender o passado sem um comprometimento com o futuro é conhecimento sem objetivo".

"A maioria das pessoas não planeja fracassar, mas fracassa por não planejar", é o que conclui John L. Beckley. Assim, missão, valores e visão formam algo que se segue, objetivo é algo que se cumpre e propósito é o que nos inspira.

O descritivo da missão, dos valores e da visão de qualquer empresa não é mero enfeite, nem existe para impressionar clientes e fornecedores. Esse descritivo é um dos componentes de um elaborado plano de negócios que sempre servirá para dar o norte às organizações, especialmente em tempos de crise.

Exemplos do que uma equipe de vendas pode usar como inspiração para criar objetivos estratégicos: alcançando a missão e a visão da empresa

Há certas circunstâncias em que o próprio mercado fica um tanto desorientado e sem saber como agir, em função de determinadas conjunturas e revezes, especialmente aqueles oriundos de políticas governamentais ou crises macroeconômicas, ou numa situação de pandemia como a que nos surpreendeu no início de 2020. É nessas horas que reler e orientar-se pelas declarações de missão e visão da empresa ajuda a redirecionar estratégias e a retomar o crescimento.

A seguir, quero compartilhar com você alguns exemplos de como as estratégias podem surgir a partir de aspectos relativamente simples – mas que nem por isso sempre são observados.

Como se define um propósito?

Resumidamente, podemos definir propósito como uma intenção, uma finalidade. Um propósito é algo proposto, o qual se deseja alcançar. Por isso, o propósito é algo que move as pessoas. Se elas têm um propósito, podem basear nele seus cotidianos, atividades e estilo de vida. Além disso, as pessoas costumam fazer algo mais bem-feito quando têm um propósito, pois quase ninguém gosta de fazer as coisas apenas por fazer. Gostamos de ter um motivo, ou melhor, uma motivação.

O conceito de *Golden Circle* (figura a seguir), criado pelo escritor e palestrante Simon Sinek, facilita a compreensão de como o propósito da marca se encaixa dentro dos objetivos e da essência de uma empresa.

THE GOLDEN CIRCLE

- **PQ** — Por que você faz o que você faz? Qual é o seu propósito? A sua motivação?
- **COMO** — Como você faz o que faz? Qual é o seu processo?
- **O QUE** — O que você faz? Quais ações você vai tomar?

Figura 12 – Quadro adaptado da ideia de Simon Sinek

- *Propósito:* responde à pergunta "*por que* a sua empresa existe e qual é o significado por trás da sua existência?". É uma visão idealista do que você quer se tornar para o seu público e, por isso, deve ter longevidade.
- *Missão:* responde à pergunta "*o que* a sua empresa deve fazer para alcançar seus objetivos?". Descreve táticas ou iniciativas específicas que se tem para a marca.
- *Valores:* responde à pergunta "*como* a empresa vai agir para chegar lá?". São os valores que explicam a ética e os comportamentos que você usará para chegar ao seu destino. Eles estabelecem as qualidades idealizadas pela empresa e norteia as escolhas por trás de cada decisão. E é a união de todos esses conceitos que a empresa escreve e define o seu *compliance*[54].

---

54 O termo *compliance* vem do inglês *to comply* e significa "estar em conformidade". Na prática, o *compliance* tem a função de proporcionar segurança e minimizar riscos de instituições e empresas, garantindo o cumprimento dos atos, regimentos, normas e leis estabelecidos interna e externamente.

Toda empresa deve ter os objetivos SMART.
Claudio Tomanini

10.
A gestão SMART

A gestão de vendas inteligente (SMART) pode ser representada por um acróstico bastante apropriado:

S – *Specific* – Específica	Deve ser clara, não deixando dúvidas do que se trata
M – *Measurable* – Mensurável	Pode ser medida de alguma forma
A – *Assignable* – Atribuível	Deve ter uma pessoa ou grupo responsável
R – *Realistic* – Realística	Deve ser desafiadora e alcançável no tempo proposto
T – *Time-Based* – Limitada no tempo	Deve ter seu prazo para alcance bem definido

O acrônimo surgiu em 1981, quando o consultor George T. Doran publicou um artigo chamado "There's a S.M.A.R.T. Way to Write Management's Goals and Objectives". No texto, o autor relata que os gestores da época estavam confusos na definição dos seus objetivos e propôs uma *metodologia simples* para facilitar essa tarefa. Ao longo do tempo, as empresas apropriaram-se da metodologia e ela passou por adaptações. Não por acaso, algumas palavras diferentes são associadas às letras do acrônimo, como *Significant* (relevante) para o "S" e *Action-Oriented* (orientado para ação) para o "A".

Toda empresa deve ter os objetivos SMART, que podem ser mais bem compreendidos em conformidade com os pontos a seguir.

1. Melhorar o índice de satisfação do cliente

Grandes empresas são focadas na satisfação de seus clientes. Isso significa dizer que elas organizam toda a sua estrutura (os diferentes setores, que vão do financeiro ao de vendas), no sentido de empenhar a sua força interna no alcance da melhor experiência para seus clientes.

Assim, por exemplo, o departamento de vendas deve contribuir no desempenho desse papel com um pós-venda efetivo, ou ficar à disposição dos clientes em potencial para sanar todas as dúvidas sobre a compra ou o produto.

Existem muitas maneiras de mensurar e avaliar esse índice, para acompanhar os resultados, e isso deve ser feito para que os gestores conheçam a opinião dos clientes sobre sua equipe.

Como é possível fazer essa medição? Isso dependerá dos objetivos pretendidos, considerando alguns aspectos, como segmento, tamanho, porte, potencial. Fazendo assim, pode-se extrair o melhor de cada cliente, em vez de rotular todos por uma só medida e, no final das contas, ser injusto com uns e insuficiente no trato com outros.

Tendo ciência da métrica e dos números de cada componente de sua base de clientes, a equipe de vendas poderá priorizar a sua missão e os seus objetivos de modo adequado e preciso. Poderá disponibilizar para um cliente o que ele necessita, e para outro o que é conveniente e apropriado. Do contrário, corre-se o risco de não atender a ninguém satisfatoriamente e o resultado pretendido com a estratégia e com as metas se tornará inalcançável.

2. Converter 80% dos contatos realizados

Outro objetivo estratégico que pode ser transformado em meta e, assim, mensurado, é estabelecer um percentual para transformar contatos em vendas. Isso pode ser feito de modo que os vendedores gerem relatórios dos contatos feitos no mês e, ao final deles, demonstrem em quantas vendas eles foram convertidos.

Observe como estamos falando de indicadores o tempo todo e que isso não é apenas academicismo, mas conceituações que são levadas à prática em uma rotina saudável de vendas.

3. Alavancar vendas em determinada região

Criar objetivos e metas a fim de melhorar os resultados em determinada região. Isso passará pela checagem periódica do resultado de vendas na área definida, quais modificações ocorreram nela (como a chegada de uma indústria ou obra do governo etc.) e que podem influenciar no potencial regional e no aumento de vendas da empresa ou de certos itens por ela comercializados.

Um exemplo de intervenção da gestão de vendas é disponibilizar uma pessoa da equipe exclusivamente para esse projeto, aumentando a base e angariando clientes, ou mesmo, dependendo do caso, dividir a equipe e mobilizar parte da sua força de vendas para explorar adequadamente novas oportunidades (que podem ser circunstanciais ou permanentes).

4. Aumentar a retenção de clientes

Um exemplo apropriado e bastante comum à sua experiência, leitor, é o caso das operadoras de telefonia celular. Aconteceu comigo e com muita gente de a insatisfação dar ocasião ao desejo de trocar de operadora. Ao ligar para a atual operadora, o que ouvimos é que eles pretendem diminuir o valor da mensalidade, aumentando sensivelmente os benefícios do pacote oferecido, mas, em troca, exigem contrato de fidelidade por mais um ano.

O que faz um cliente permanecer fiel a um fornecedor nem sempre são os processos de pré-venda, venda ou pós-venda. Se a operadora tem condições de melhorar a qualidade da minha conexão e não o faz, o problema está na assistência técnica, que deve estar vinculada ao pós-venda da equipe. Para piorar, oferecer melhorias no pacote e diminuição do valor da mensalidade em troca de fidelidade fará o cliente se sentir um verdadeiro idiota e que poderia ter sido atendido em suas necessidades por um fornecimento melhor a um preço mais justo com antecedência e não foi; antes, foi explorado por meses, simplesmente porque não pegou o telefone e não ligou antes para cancelar a assinatura do serviço da operadora.

5. Aumentar o faturamento da empresa

Esse aspecto passa pelo que tenho dito sobre a base de um faturamento vir de clientes recorrentes, ou seja, ela depende dos clientes que já estão na base de dados ativa. Aumentar o faturamento nem sempre exigirá investimentos extras no alcance, desenvolvimento e abertura de novos clientes. Ações assim podem gerar esse aumento, não tenho dúvida, mas, antes de iniciar um processo como esses, é sempre aconselhável que se estude a base, a fim de mapear os indicadores de potencial, as oscilações no faturamento (individual, por região, por período do ano etc.) e as razões pelas quais elas acontecem.

Uma vez compreendidos os motivos e a dinâmica da sua base de clientes, a primeira atitude sensata do gestor é realizar ações com os clientes que já estão sendo atendidos, desenvolvendo negociações individualizadas que visam ampliar o fornecimento de produtos para demandas não exploradas, compreender as necessidades do cliente, desenvolver ou melhorar produtos ou serviços etc.

6. Alinhar pensamento da equipe

O último ponto (5) poderá envolver outros departamentos da empresa, por razões que devem ser óbvias. A coordenação entre diferentes departamentos poderá ser feita pela gestão de vendas, especialmente em empresas de mentalidade madura, voltadas para a satisfação dos seus clientes. Mas essa mentalidade não acontece por acaso nem da noite para o dia. Antes, ela passa por um planejamento estratégico que visa à conscientização interna dos colaboradores, ao treinamento dos membros das equipes que terão contato direto ou indireto com os clientes à sincronia fina e aos ajustes periódicos entre os diferentes departamentos.

7. Tonar-se líder entre os competidores de mercado

Por que as grandes empresas costumam liderar mercados? Alguns respondem que é pelo fato de serem grandes. Eu digo que nem sempre. Penso que a maioria esmagadora das empresas um dia começou pequena. Elas cresceram e se tornaram líderes em seus segmentos porque foram mais bem-sucedidas na missão, no cumprimento de seus objetivos, e o mercado observou que havia nelas algo que merecia confiança e reciprocidade. Essa reciprocidade, por sua vez, é a relação positiva entre cliente e fornecedor. Portanto, sendo vendas uma ciência exata que envolve as relações humanas, como venho apresentando aqui, eu não me satisfaço com menos do que o crescimento para toda equipe e empresa que entrar por esse caminho com seriedade e competência.

8. Motivar a equipe para aumentar a eficiência

Gosto de comparar ou fazer uma analogia da gestão de vendas com um voo, por exemplo, na ponte aérea Rio-São Paulo. O comandante e o copiloto têm que levar uma aeronave carregada de São Paulo e pousá-la com segurança no Rio de Janeiro; eles recebem um plano de voo, que podemos chamar de "o plano de vendas" deles. Eles precisam seguir o que está traçado nesse plano ou, dependendo das variantes, como alterações informadas pela torre ou mudanças climáticas, fazer os ajustes necessários para cumprir a sua missão.

Uma aeronave comercial precisa ser checada em 32 diferentes itens, primeiramente pelo copiloto e depois pelo comandante. Penso que você já viu como é o painel de uma aeronave dessas, a quantidade de instrumentos que medem tudo que é necessário para garantir a segurança da tripulação e dos passageiros, desde o funcionamento mecânico, elétrico, pneumático às variações internas e situações externas. Em seguida, cada um, comandante e copiloto, fará a checagem individual dos instrumentos na cabine de comando.

Quando os indicadores são verificados, copiloto e comandante sinalizam para a torre de controle informando se estão prontos para decolar ou se há algo a ser corrigido. O impedimento pode decorrer de problemas no *slot* onde a aeronave está estacionada, do embarque de cargas ou atraso de passageiro, entre tantos outros casos que podem surgir.

Quando decola, os imprevistos não estão impedidos. Uma chuva repentina de granizo poderá fazer o comandante reajustar o plano de voo, subir acima das nuvens carregadas, baixar a altitude, aumentar a velocidade ou desviar a rota. Isso envolverá a informação para a torre e o ajuste dos gastos com combustíveis, pois o comandante está sendo monitorado em seus indicadores de economia.

Ele não está no comando apenas para conduzir o avião; é preciso acompanhar os indicadores dos outros comandantes, e ele não pode dar prejuízos à companhia. No final das contas, ele terá que fazer esses ajustes, prestar contas à torre de controle, atender os indicadores da companhia, chegar no horário previsto e levando todos em segurança – tripulação, passageiros e carga.

A avaliação de uma dupla de pilotos de aeronave de grande porte inclui a sua rentabilidade. Durante um voo, comandante e copiloto recebem em tempo real informações sobre tempo de voo, consumo, previsão de chegada e dezenas de outros indicadores comparando-os a outros comandantes e copilotos, e se estiverem com os seus números fora do previsto, eles serão exigidos a adequar-se. Do contrário, em pouco tempo eles estarão "fora". Eles devem se orientar pelos indicadores, mas há alguns, cinco ou seis, que são indicadores-chave (*keys*), sem os quais a dupla não voará. Há equipamentos monitorando altitude, velocidade, nível de combustível e outros dados essenciais durante o percurso de São Paulo ao Rio de Janeiro.

Assim também acontece na gestão de vendas: nós precisamos ter indicadores-chave que serão essenciais na condução do nosso negócio, sem os quais nem a equipe nem as empresas sobreviverão. E dependendo das mudanças no mercado, na economia ou na política de um país, caberá ao gestor de vendas modificar esses indicadores-chave, optando por outros que melhor se adequem às necessidades sazonais, isto é, às intempéries do mercado.

> Por algum motivo, as pessoas se baseiam nos preços, e não nos valores. Preço é o que você paga. Valor é o que você leva.
>
> Warren Buffett

11.
A criação de valor

Vamos clarificar isso: o valor está diretamente ligado à *percepção do cliente* sobre o seu produto ou serviço e às necessidades que ele tem em relação a isso. Quando uma pessoa consome um produto, ela está buscando mais do que a principal necessidade atendida por ele, e muitas vezes é isso que determina a *entrega de valor*.

Temos visto que a gestão de vendas é um conjunto de ações voltadas à evolução comercial de uma empresa. O seu principal objetivo é melhorar a condução da força de vendas para que todos os processos relacionados com a área sejam qualificados, e os seus melhores resultados sejam atingidos.

Com a especialização das empresas e, consequentemente, dos seus processos, a gestão de vendas tornou-se mais do que necessária em uma corporação, de modo que ela contribui para trazer mais eficiência para o processo comercial. Do contrário, o departamento comercial ficaria defasado em relação aos inúmeros avanços feitos nos últimos anos, conforme apresentei no início do livro quando falei sobre a história das Revoluções.

Mas, diferentemente do que alguns líderes imaginam, gestão de vendas é uma estratégia que vai muito além de motivar uma equipe a vender mais, não se trata de repetir frases de efeito e jargões motivacionais pela manhã nem abrir um sorrisão para a equipe. Gestão de vendas é sobre como profissionalizar o gerenciamento comercial para elevar o seu negócio a patamares mais altos.

A gestão do modo como penso trata-se de uma prática mais relevante quando olhamos para o comportamento do mercado e seus novos desafios; obtemos dados precisos e fazemos a sua análise; estabelecemos princípios e diretrizes a serem seguidas; colocamos metas alcançáveis a partir das informações disponíveis e capacitamos por meio de treinamento a equipe e os departamentos a ela ligados. Então toda a empresa veste a camisa, foca nos objetivos propostos e, no final de cada etapa do processo, obtemos sucesso, para nós e para nossos clientes.

Isso é o que o gestor de vendas precisa vislumbrar diante de si. Não adianta dispor de tecnologia de ponta, aplicativos, ferramentas gerenciais quando não se sabe usá-las. Hoje as empresas colocam diante de seus colaboradores uma caixa de ferramentas, mas é preciso usar cada uma dessas ferramentas para atingir objetivos específicos para os quais elas foram desenvolvidas. Por isso temos insistido tanto que os dados precisam ser verificados e eles têm que ser vistos como uma fotografia do cliente em tempo real, bem como do mercado e dos processos internos da empresa.

Há poucas décadas, os pais diziam para os filhos que eles precisavam fazer um curso técnico em alguma área, porque do contrário ficariam fora do mercado de trabalho. Depois, os pais passaram a dizer que era preciso fazer uma faculdade, uma graduação, porque se não fizessem, corriam o risco de ficar fora do mercado de trabalho. Lembro-me de quando eu concluí a minha primeira pós-graduação e algumas pessoas do meu círculo de amizades ficaram impressionadas com o modo como eu fui longe em relação à maioria das pessoas; diziam que era preciso ter alguma especialização para obter uma boa colocação no mercado. Aí vieram os mestrados profissionais, os doutorados etc. É uma evolução continuada que todas as carreiras têm exigido.

Com a tecnologia, o volume de informação que temos acumulado nos últimos vinte ou trinta anos é absurdo, mas é preciso saber onde encontrar a informação útil para a nossa atividade, e acima de tudo é preciso saber o que fazer com essa informação: como interpretar e aplicar o que ela nos diz. A informação ou os dados por si só não dizem nada. É preciso interpretá-los e tomar decisões inteligentes (SMART) e precisas a partir da interpretação que fazemos. E a boa intepretação dependerá do nível de envolvimento que o profissional tem com o seu negócio e com o seu mercado.

Assim, antes as mudanças tecnológicas significativas aconteciam a cada três ou quatro anos; hoje elas acontecem a cada doze ou quinze meses e, dependendo da tecnologia de que estivermos falando, em seis meses ela ficará obsoleta.

A tecnologia recria a realidade e nós temos que acompanhar as mudanças que estão acontecendo, pois isso é muito rápido. Sabendo acompanhar essas inovações, temos que aproveitar ao máximo os benefícios que elas podem nos dar, porque assim teremos um diferencial competitivo. Em anos recentes, as empresas perceberam que já era hora de pensar em ampliar as possibilidades de lucrar com os produtos fabricados por elas. Foi quando se deu a entrada no vocabulário comercial da palavra "servicilização" ou "servitização" dos produtos.

O conceito de *servitização* indica dupla relação. Primeiro, que a mera posse do produto não significa explorar todas as possibilidades que ele oferece. O *valor* de um produto está na sua funcionalidade, na sua capacidade de resolver problemas, e não na sua posse[55]. Por outro lado, o conceito também significa que as empresas oferecem serviços relacionados aos seus produtos, a fim de agregar *valor*. Assim, além de serem produtoras, elas oferecem soluções tipo "produto-serviço" ou, como se diz, "sistema produto-serviço"[56].

---

55 CRESCITELLI, Edson; BARRETO, Iná Futino. Servicilização dos bens. Que coisa é essa? *Revista da ESPM*, São Paulo, nº 5, 2013. Disponível em: http://bibliotecasp.espm.br/index.php/espm/article/view/1348. Acesso em: 30 set. 2021.

56 SEBRAE MINAS. *Servitização*: O que é e por que implantar. Belo Horizonte, 2020. Disponível em: https://inovacaosebraeminas.com.br/servitizacao-o-que-e-e--por-que-implantar/. Acesso em: 30 set. 2021.

Vendas orientadas ao mercado pressupõem uma atividade disseminada pelos departamentos das empresas, motivada pela criação de valores para os clientes. Uma lista de processos baseados nesse ciclo pode incluir o seguinte:

- *DEFINIÇÃO DE VALOR*. Processos que capacitam a organização a entender o ambiente em que ela opera melhor para conhecer mais claramente seus próprios recursos e aptidões. Fazendo assim, pode-se mensurar o valor que ela cria por meio de análises dos sistemas de uso dos clientes, como levantamento de informações, pesquisas, estudos de preferências e necessidades do cliente, comportamento de compras, uso do produto, cadeia produtiva, avaliação dos resultados do cliente.
- *DESENVOLVIMENTO DE VALOR*. Processos que criam ou agregam relevância ao produto ou serviço por meio de uma corrente de valor que justifique a definição propriamente dita de valor, como desenvolvimento de novos produtos e serviços, projeto de canais de distribuição, novas abordagens de vendas, segmentação de mercado, parceria estratégica com provedores de serviços ou com áreas internas da própria empresa (por exemplo, crédito, gerenciamento de *database*, treinamento), desenvolvimento de estratégia de preços, políticas comerciais, entre outros.
- *OFERECIMENTO DE VALOR*. Processos que capacitam o oferecimento de valor para clientes, incluindo serviço de entrega, gerenciamento de relacionamento de clientes, gerenciamento de distribuição e logística, processos comunicativos (tais como publicidade e promoção de vendas), melhorias de produto e serviço, serviços de apoio ao cliente, penetração do campo da força de vendas.

Podemos visualizar o fluxo na figura a seguir:

FIGURA 13 – FLUXO DE CRIAÇÃO DE VALOR

Eu tenho dito que na era da informação o crescimento era linear, mas na era da inovação o crescimento é exponencial. A era do "ou isso ou aquilo" chegou ao fim e agora estamos vivendo na era do "isso *e* aquilo".

No início dos anos 2000 chamavam essa situação de convergência, e hoje nós estamos vivendo em plena era da convergência. Aparelhos e programas que não se comunicavam hoje interagem; plataformas, tecnologias, aplicativos e até concorrentes se comunicam para atender melhor demandas e necessidades e para avançar com maior solidez. Esse é o mundo em que um gestor de vendas "antenado" tem que transitar.

É por essa razão (e por outras também) que eu não acredito em teorias que uns e outros propagam como se fossem verdades absolutas. Se fossem verdades, seriam leis, mas como são teorias elas são passíveis de serem testadas, contestadas e, se for o caso, rejeitadas. Esse é o caso da teoria dos acrônimos VUCA e BANI.

Até os anos 1980, o mundo vivia o período pós-Guerra Fria. Até esse tempo, nós vivíamos num mundo com as seguintes características:

- *Volatile* – Volátil
- *Uncertain* – Incerto
- *Complex* – Complexo
- *Ambiguous* – Ambíguo

Segundo a teoria, o mundo VUCA perdeu o seu significado descritivo, tornou-se inadequado para a realidade atual, dando ocasião ao novo quadro geral, conforme temos visto. Após a pandemia do coronavírus, esses teóricos dizem que vivemos em um mundo assim:

- *Brittle* – Frágil
- *Anxious* – Ansioso
- *Non-linear* – Não linear
- *Incomprehensible* – Incompreensível

O mundo BANI facilita novas perspectivas, descreve a situação atual, o estado emocional e as conexões casuais. Ou seja, um mundo evoluiu para o outro. Mas eu, Claudio, simplesmente não acredito nessa teoria. Há traços dela que correspondem à realidade, concordo. Há certa ansiedade no ar, mas não consigo ver como é possível enquadrar a todos na mesma situação.

Conheço um empresário que tem uma pequena fábrica de biquínis no sul do País. Sua esposa faz o *design*, ele gerencia a produção e as peças fabricadas por eles abastecem mercados na Oceania, no sul e sudeste asiático e onde mais ele quiser, em qualquer ponto do planeta, proporcionando uma rentabilidade absurda! Estamos falando de uma pequena fábrica no Brasil e de mercados internacionais competitivos e de alta lucratividade.

Onde está a fragilidade de uma economia que dá oportunidades como essa a pequenos produtores que descobrem o seu nicho e conseguem romper as limitações geográficas para a colocação de sua marca e de seus produtos? Onde está a incompreensibilidade na gestão de um negócio em que o empreendedor sabe aproveitar as ferramentas e as oportunidades para cavar novos negócios com espaço para crescimento quando o seu mercado está saturado? Ele pode entrar em outros mercados, como o europeu e o norte-americano? Claro que pode! Então, onde está a não linearidade? Ela inexiste!

Outro exemplo mundialmente conhecido, que demonstra caso semelhante e confirma o conceito de servicilização, é o da Apple. Ela concebeu o iPhone e seu sistema operacional como uma forma de conectar participantes de um mercado bilateral. De um lado estão os *desenvolvedores* (do iPhone) e de outro, os *usuários* de aplicativos (iOS, o sistema operacional embarcado no aparelho). O resultado disso foi agregar altíssimo valor para os dois grupos, gerando o "efeito plataforma". Esse resultado se traduz em números, que são indicadores financeiros decorrentes do sucesso de uma estratégia ou ação comercial.

Assim, em 2015, a Apple gerou US$ 25 bilhões de receita para os desenvolvedores, mostrando a fórmula produto + *design* + plataforma + ecossistema = altíssimo valor agregado, na qual a principal ideia da Apple é o *design* intuitivo, a usabilidade na prática, que faz uma criança, um adolescente ou adulto, e até mesmo o meu pai, com seus 85 anos de idade em plena forma e lucidez, dizer: "Prefiro esta marca, ela é muito mais fácil de usar". Isso estabeleceu um novo paradigma para os negócios de muitas empresas no século XXI.

Em 2019, a rede de lojas Apple Store gerou cerca de US$ 519 bilhões com suas vendas e cerca de 85% desse faturamento foi para os desenvolvedores, de acordo com a própria empresa. Essa taxa percentual equivale a US$ 441,15 bilhões entregues por gente apaixonada pelo serviço e que embarca em seus produtos!

Onde está a incompreensibilidade do modelo? Esses resultados são frágeis? Você pode responder para si mesmo, mas para mim está bastante claro o que esses números significam.

Já faz alguns anos que eu entrei em uma Apple Store, na Flórida. Eu queria trocar o meu computador. O consultor que me atendeu quis saber o motivo para a troca do meu equipamento e eu disse que queria algo mais atualizado, com tecnologia mais recente. Ele quis saber o que eu fazia e quais aplicativos usava. Eu respondi à pergunta e ele afirmou que o meu computador estava à altura do que eu precisava; era desnecessário trocar de equipamento.

Ele, então, apresentou um equipamento que me auxiliaria nas palestras, proporcionando mais recursos. Eu disse que precisaria de mais memória, e que a troca do meu computador era necessária. Ele rebateu, dizendo que eu poderia usar um HD externo de 1 Terabyte e manter o computador, que ele insistiu ser suficiente para as minhas demandas de professor e palestrante.

Note algumas peculiaridades desse atendimento. Primeiro, que isso foi há alguns anos e a Apple já se valia do conceito que estamos tratando neste livro: *high touch*. Segundo, as minhas necessidades foram compreendidas pelo consultor, que se preocupou e se envolveu com o meu negócio e me atendeu no que eu precisava, e não de acordo com as metas de vendas que ele tinha para atingir; isso me fez economizar algo em torno de mil dólares. Terceiro, o consultor não deixou de vender ao ter me orientado a ficar com o equipamento que eu já tinha. Ele fidelizou o cliente, ganhando a minha simpatia e meu respeito.

Com isso, aprendemos uma simples lição que pode ser traduzida da seguinte maneira: uma marca bem trabalhada, *top of mind*, geradora de desejo, com produtos que trazem constantes inovações tecnológicas, e um sistema integrado com tudo que carrega a marca Apple, que se preocupa com o *design* e completando com uma equipe muito bem recrutada, que conhece o propósito da empresa e que gera um trabalho consultivo, constrói uma relação construtiva.

A pergunta que se segue é sobre o modo como a nova realidade pode impactar os negócios. Afinal, o dinamismo das relações B2B, B2C, B2B2C, entre outras, é grande. Eu penso que as empresas *pipeline*[57] tentam fidelizar o máximo de tempo possível o consumidor que está no fim da cadeia. Empresas plataforma[58] procuram maximizar o valor de maneira circular, interativa, orientada pelo *feedback* dos usuários.

Daí a importância do *Net Promoter Score* (NPS)[59], para que o gestor visualize onde é preciso mexer na sua estratégia e de que modo essa modificação precisa acontecer. Ela é mais uma ferramenta que ajuda o gestor a se distanciar do "achismo" e a tomar medidas baseadas em dados. Não basta dizer que "gosta" ou "não gosta", que "prefere isso" ou "prefere aquilo". Hoje, é preciso justificar as nossas ações na gestão de vendas e tomar medidas seguras, que nos levem aos resultados pretendidos e estabelecidos pelo CEO, o que muitas vezes reflete o que os acionistas querem.

---

57 Podemos traduzir *pipeline* como "cano" ou "oleoduto" (há uma praia no Havaí onde as ondas em forma de tubo são chamadas *pipeline*). A expressão refere-se ao processo que o cliente atravessa até decidir pela compra. Assim, dizemos haver clientes *pipeline* de vendas ou *funil* de vendas, que são expressões sinônimas. Há, no entanto, uma pequena distinção. O funil de vendas descreve melhor as etapas do cliente até chegar à decisão da compra e o *pipeline* envolve as ações realizadas pelos vendedores no convencimento desse cliente. Assim, *pipeline* é uma espécie de "mapa" das etapas do ciclo de vendas de uma empresa. Há empresas com ciclos de vendas mais curtos, portanto, o seu *pipeline* será mais enxuto. Outras, com vendas complexas (imóveis, carros, seguros etc.), têm *pipeline* mais complexo, pois o ciclo de vendas em geral é mais longo. BESSA, Lucas. Descubra o conceito de pipeline e como aplicar ele no seu negócio. *Ingage*, [s. l.], 2021. Disponível em: https://blog.ingagedigital.com.br/o-que-e-pipeline/. Acesso em 30 set. 2021.

58 As organizações plataforma são aquelas que aproximam o consumidor final das empresas, gerando um intenso *feedback* de melhoria, rápida, eficiente e constante. Por exemplo, Uber, Alibaba.com e Airbnb.

59 NPS é uma metodologia criada em 2003, pela Bain & Company, para mensurar o quão bem as empresas estão lidando com seus clientes ou pessoas com as quais interage.

Veja o caso da Airbnb. A empresa trabalha oferecendo opções de hospedagem ao redor do mundo. Com a pandemia e as viagens suspensas, o setor hoteleiro foi profundamente afetado. O CEO da Airbnb veio a público justificar a demissão de um grande número de colaboradores; as ações da empresa despencaram.

Mas, em menos de dois anos, as mesmas ações passaram a valer uma pequena fortuna. Por quê? Porque as pessoas de certa faixa econômica queriam viajar de carro e podiam pagar por isso. Mas onde se hospedar, se os hotéis e *resorts* estavam fechados? Ora, pela Airbnb era possível encontrar um bom lugar por um preço justo independentemente de onde as pessoas desejassem ficar.

Além disso, alguém estava de olho no NPS, de modo que até mesmo alguns hotéis recorreram ao Airbnb. É o caso da empresária Chieko Aoki, dona da rede de hotéis Blue Tree. Eles anunciaram na Airbnb, como uma alternativa, entre outras (é o que eu disse anteriormente sobre convergência, "isso *e* aquilo"), dando a opção da locação de um espaço com 20 ou 30 metros quadrados, com IPTU incluso e sem necessidade de fiador, depósito caução, contrato, nem nada. Pode-se alugar por um período e renová-lo se houver necessidade.

Alguém poderia perguntar: "Quem se interessaria por unidades com essa metragem tão baixa?". Ora, a tendência hoje é exatamente essa, os chamados apartamentos *studio*, próximos a estações do metrô, muito atrativos para profissionais em temporada numa empresa, estudantes universitários e outros públicos, que têm feito o sucesso desse novo modelo de negócios oferecido a partir de uma contingência do mercado.

O resultado para a Airbnb foi o exponencial crescimento da marca e da empresa e a valorização de suas ações. Essa é uma função própria de uma organização plataforma, que ao mudar os seus objetivos, muda com eles o seu processo de vendas.

A principal meta do conceito de Michael Porter[60] era criar uma barreira intransponível em torno do negócio (a blindagem). Buscava-se, com isso, algo como o isolamento da empresa diante dos seus competidores.

Na nova economia de rede, o maior valor extraído do negócio é o desenvolvimento de uma estrutura altamente favorável e competitiva, que possa atrair novas companhias que agreguem valor e ampliem as possibilidades do negócio principal, isto é, ter como parceiros agentes que possam viabilizar e intensificar a rede de compartilhamento em si (lembre-se do exemplo da Apple dado há pouco). A nova economia de rede subverte o conceito de Porter ao ir à direção contrária, da abertura para novas possibilidades.

---

60 O Modelo das 5 Forças de Porter é uma teoria que mede um setor ou empresa identificando essas cinco forças. Essa teoria foi desenvolvida no final dos anos 1970 pelo professor Michael Porter, que permitiu analisar se as atividades de uma empresa eram competitivas. As cinco forças ou poderes são: poder de negociação dos clientes, poder de negociação com fornecedores, ameaça de entrada de novos competidores, ameaça de entrada de produtos substitutos e rivalidade entre os concorrentes. PAREDES, Arthur. Descubra as 5 Forças de Porter e como aproveitá-las. *IEBS School*, [s. l.], 2019. Disponível em: https://www.iebschool.com/pt-br/blog/marketing/marketing-digital/descubra-as-5-forcas-de-porter-e-como-aproveita-las/. Acesso em: 30 set. 2021.

> O propósito serve de guia para ideias e decisões dentro da empresa, mantendo a uniformidade e incentivando a inovação. Uma vez que você entende e define o seu propósito, esteja preparado para colocá-lo em prática. Se as pessoas ouvem uma coisa e veem outra acontecer, a confiança se perde.
>
> *Claudio Tomanini*

12.
O cotidiano da gestão de vendas: casos reais

Em 2017, a Airbnb, cumprindo os objetivos da companhia, intermediou a hospedagem e locação para 150 milhões de pessoas. O valor estimado de mercado da empresa naquele ano era de US$ 30 bilhões.

O afastamento dá lugar à atração. A lógica colaborativa é a essência do negócio. As ações da empresa norte-americana que opera no mercado *on-line* de hospedagem Airbnb foram precificadas a US$ 68, estimando o valor do negócio em US$ 47 bilhões no final de 2020.

Assim, hoje já podemos ver empresas que descrevem sua missão[61], visão[62] e valores[63], mas acrescentam propósito, que é a ação que move a empresa, especialmente em conjunturas imprevistas, com as variantes de mercado, as incertezas jurídicas e políticas e em episódios como a

---

61 Missão é a razão de existir da empresa. A missão delimita a sua área de atuação diante de todas as oportunidades de negócio possíveis no seu mercado de atuação.

62 Valores são o conjunto de convicções íntimas adotadas com fé e agregadas durante a vida da empresa. Neles estão os princípios ou padrões sociais aceitos ou estabelecidos pela empresa.

63 A visão de uma empresa determina o lugar no futuro que se deseja estar e ajuda a definir suas metas e a orientar suas decisões estratégicas.

pandemia do coronavírus. Além disso, o propósito da empresa explica a razão da sua existência, o que não significa, necessariamente, entregar um produto ou serviço.

Aliás, propósito é um ponto muito importante para vendas. Entenda que missão e visão nós seguimos, objetivos nós cumprimos, mas o propósito – ele nos inspira.

Propósito, portanto, é algo que move as pessoas. Na verdade, ninguém gosta de fazer as coisas "por fazer". Em uma empresa, ter um propósito é ter uma razão para abrir as portas, para funcionar. Certamente, é o propósito que define a marca e a cultura organizacional. O propósito resume os valores históricos, éticos, emocionais e práticos de uma empresa.

Quando falamos disso, é indispensável citar o especialista em liderança Simon Sinek[64], que declarou o seguinte: "As pessoas não compram o que você faz, mas o 'porquê' você faz". E isso pode estar perfeitamente alinhado com a geração de receita – e é aí que a força de vendas entra. Sinek explica que esse motivo para a compra é a mensagem mais importante que uma empresa pode passar ao mercado e que inspira outras pessoas a se moverem. A sua teoria é de que comunicar propósito ativa uma área do cérebro ligada a decisões e que influencia o comportamento.

Como resultado, há alguns benefícios, por exemplo: 90% das pessoas que trabalham em uma empresa com propósito claro e definido dizem se sentir mais motivadas. Nos últimos anos, empresas orientadas por propósitos tiveram um crescimento de 85% segundo um estudo feito na Harvard Business School. Por sua vez, empresas sem um propósito definido reportaram queda no crescimento.

---

64 Simon Sinek é autor do livro *Start With Why*, cuja edição em português recebe o título de *Comece pelo porquê:* como grandes líderes inspiram pessoas e equipes a agir. Rio de Janeiro. Sextante, 2018. Vale visitar o website de Simon Sinek, no qual o autor apresenta os conceitos de seu livro e seus eventos: https://simonsinek.com/.

A pesquisa conclui que 77% dos *millennials* acreditam que cultura organizacional é tão ou mais importante do que salário e benefícios. Isso engaja mais o time de vendas, diminui o *turnover*, além de aumentar o empenho e o desempenho na busca por resultados superiores.

O propósito faz com que as pessoas trabalhem dedicando a mente e o coração, e a entrega tem maior qualidade, na opinião da gerência do REA Group[65], que entrou para a lista das 25 empresas australianas que mais atraem talentos no mundo. Outro estudo descobriu que 89% dos consumidores tendem a comprar de empresas que apoiam soluções de problemas sociais.

O propósito serve de guia para ideias e decisões dentro da empresa, mantendo a uniformidade e incentivando a inovação. Uma vez que você entende e define o seu propósito, esteja preparado para colocá-lo em prática. Se as pessoas ouvem uma coisa e veem outra acontecer, a confiança se perde.

Inovação em todas as áreas

Para as vendas no futuro, a inovação, que é uma tendência há tempos, passará a ser mais democrática e estará presente em todos os processos e departamentos empresariais. A partir dela serão desenvolvidas as principais ferramentas dos vendedores, bem como dos profissionais de outros setores que atuam em prol das vendas. E elas não serão relativas apenas ao uso da tecnologia.

A inovação está relacionada à busca de novas formas de ver e realizar as ações. Na área das vendas, ela impactará o modo de fazer negócios e de se relacionar com os consumidores. As empresas podem inovar

---

[65] REA Group é uma empresa digital com mais de 2.800 pessoas trabalhando em três continentes para mudar a forma como o mundo experimenta a propriedade. Acesse o site para saber mais: https://www.rea-group.com/.

no pós-venda, nas opções de meios de pagamento, na apresentação de surpresas para o público ou na maneira de agregar valor aos serviços.

Curiosamente, poderíamos dizer que, em nível global, as empresas tiveram uma "oportunidade forçada" de ajustar seu foco nos últimos anos. A pandemia da covid-19 acelerou a transformação digital, que ainda tem previsão de crescimento acentuado nos próximos anos, aproximando-se cada vez mais de mercados maduros, como o norte-americano e o chinês.

Quando as empresas de atacado e varejo se viram diante da obrigatoriedade de fechar suas portas por causa do *lockdown*, muitos empreendedores se desesperaram, porque falava-se em aguardar de seis meses a dois anos até que entrassem com maior força no *e-commerce*. De repente, da noite para o dia, por toda parte as pessoas queriam entender "tudo" sobre *e-commerce* para colocar seus produtos à venda *on-line*. Assim, a evolução do setor digital acelerou e antecipou muito aquilo que estava previsto para acontecer em meses ou anos.

Acontece que *e-commerce* não é uma estratégia, não é um plano, nem a salvação para ninguém. Trata-se, apenas, de um *canal de vendas*, um meio entre tantos outros. Por isso, não basta "entender" de *e-commerce*, como não basta contratar o melhor *web designer* do mercado imaginando que um site arrojado e moderno trará boas vendas. A coisa é mais ampla do que simplesmente colocar um site parrudo no ar e precisa ser entendida dessa maneira.

Tenha à mão as ferramentas certas

Um passo necessário e básico (além de óbvio) para a otimização das vendas no ambiente digital é saber quem são e como pensam os seus clientes. Inclui-se nisso o conhecimento de suas preferências, seus medos e suas necessidades, informações que auxiliam na concretização do negócio e que representam investimentos mais baixos e específicos para o fechamento da venda.

Nesse ponto do processo, recomendo utilizar o *Customer Relationship Management* (CRM ou Gerenciamento do Relacionamento com os Clientes), que é uma das principais soluções nesse campo. O CRM é um recurso que reúne em uma só ferramenta as informações de seus clientes, facilitando a negociação. Assim, o pessoal de vendas poderá oferecer o conteúdo adequado e customizado em cada etapa do funil de vendas, direcionando o consumidor de forma mais natural até o fechamento do negócio.

Por ser uma solução destinada a melhorar o relacionamento com os clientes, ela facilita a prospecção de novos negócios e até a retomada de clientes perdidos. É uma potente ferramenta para ajudar consideravelmente na gestão estratégica de vendas. O sistema de CRM passa a ser para as equipes de vendas e marketing uma ferramenta de coleta, organização e gestão de dados sobre o mercado. Além disso, é um *hub* (integrador) centralizador para a reposição e o registro de históricos sobre o relacionamento com os clientes.

Com a cultura de análise e o monitoramento de desempenho, é possível identificar quais ações estão funcionando e aquelas que precisam ser aprimoradas. Tudo isso faz parte de uma gestão de vendas efetiva, um trabalho que começa no estabelecimento de metas e vai até o fortalecimento do relacionamento com o cliente.

De acordo com uma pesquisa da Bain & Company, o sistema de CRM pode aumentar a taxa de retenção em 5% e gerar lucros de até 95%. Isso porque toda a gestão estratégica de vendas do negócio passa a ser *centrada no cliente*, com decisões comerciais priorizando o relacionamento.

Conheça a leitura das métricas

Com frequência rigorosa, acompanhe os medidores (as métricas) em suas páginas nas redes sociais, tendo conhecimento do perfil de público consumidor e sabendo quais itens apresentam melhor desempenho nas suas ações. Assim, é possível dirigir com assertividade suas forças nas ações que darão melhores resultados, otimizando o investimento.

No entanto, é importante saber que, além dos números, as métricas apresentam tendências de mercado[66] que podem suscitar informações valiosas para a sua equipe. Desse modo, elas poderão, inclusive, antecipar determinadas ações e sair na frente da concorrência.

A automação é uma tecnologia para ser utilizada

No mundo digital, é essencial e indispensável permanecer *on-line* o tempo todo. Dependendo do tamanho da equipe, isso pode ser feito por pessoas. É nesse ponto que entra a tecnologia.

Os *chatbots* e outras ferramentas de automação facilitam o trabalho das equipes e maximizam os processos, seja na análise dos dados, seja na personalização dos serviços e do atendimento. Essas ferramentas fornecem melhores experiências aos clientes, fornecendo informações precisas e no tempo certo, contribuindo para não frustrar a experiência de compras.

---

66 *Growth hacking* é uma tendência interessante que se refere a técnicas de marketing aplicadas para o crescimento dos negócios. Com ela, os profissionais que têm essa mentalidade vão encontrar atalhos para otimizar as conversões e favorecer o aumento das vendas. Será preciso ir além de expor e divulgar os produtos.

Mude conceitos

A comunicação com a sua base de cliente precisa ser clara, e isso é possível por meio de réguas de relacionamento[67], importantes instrumentos para ajustar a comunicação. Elas são consideradas uma das melhores ferramentas para enviar e-mail marketing e permitem identificar em que ponto do funil de vendas a empresa está. São fundamentais para dar à equipe de marketing a noção de qual linguagem usar.

Os conteúdos para os *leads* precisam ser enviados em tom descontraído, pois isso gera afinidade e aproxima as partes, criando uma relação melhor. E *lead* fidelizado é sinônimo de venda recorrente.

Conduza a sua base de dados para a nuvem

Medidas simples têm poder de fazer a empresa aumentar o volume de vendas, mesmo com a transformação digital. Hoje não há mais razão para evitar as inovações e tecnologias disponíveis. Desprezá-las é um risco para saúde de seu negócio.

Além da transformação digital ser importante aliada, é preciso considerar urgentemente a migração da base de dados para a nuvem. Como o volume de dados e informações disponíveis será cada vez maior, é preciso um espaço maior de armazenamento, o que a nuvem proporciona. A *cloud computing* para vendas é a bola da vez.

Tive a oportunidade de ter como alunos dois executivos do Mercado Livre, empresa argentina de grande abrangência no mercado brasileiro. Em certa ocasião, conversamos bastante e eles afirmaram que estavam "pegando pesado" em sua estratégia no Brasil, o que criou

---

67 A régua de relacionamento é uma estratégia que consiste no envio de e-mail marketing em momentos específicos para os contatos do *e-commerce*, levando em conta a etapa na qual ele se encontra no funil de vendas.

em torno deles uma espécie de barreira contra a entrada da Amazon. A gigante norte-americana não conseguia reproduzir em nosso país o sucesso obtido nos Estados Unidos. A razão é que o Mercado Livre não se empenhou somente em ser um canal de vendas, mas também aplicou uma estratégia mais ampla, na qual o site de vendas, que a maioria esmagadora das pessoas conhece, mantém-se naquilo que realmente tem de ser: um canal.

O Mercado Livre é uma empresa como outra qualquer, cujo modelo de gestão de vendas é eficiente, e contempla as três etapas básicas que toda empresa que começa a negociar na internet precisa se atentar: pré-venda, venda e pós-venda. Aliás, esse conceito já foi apresentado nas páginas anteriores deste livro.

Nenhuma novidade até aqui. Mas o diferencial é que eles levaram isso a sério, bem como a jornada do cliente[68]. Isso fez com que o Mercado Livre marcasse uma posição na lembrança e na satisfação dos clientes brasileiros, algo que uma gigante como a Amazon não conseguiu, rompendo a barreira e alcançando os mesmos resultados em nosso mercado.

Nos Estados Unidos, vi algo que me chamou a atenção há um tempo, antes mesmo de a pandemia surgir. Eu morei na Flórida, e durante uma visita a um shopping center local notei algumas lojas fechadas. Então, perguntei a um amigo a razão, e ele me disse que muita gente estava migrando para a internet, explorando melhor esse canal de vendas, fazendo com que a visita a uma loja física apenas se destinasse a dar ao cliente uma experiência sensorial, ainda que se pudesse fechar

---

[68] "A jornada do cliente nada mais é que o caminho da experiência do consumidor, assim como as interações que ele tem com a empresa. A jornada é dividida em cinco fases [alguns a dividem em três] – atração, consideração, decisão, retenção e divulgação –, que devem ser mapeadas para tornar os processos e as interações da empresa com o cliente melhores e, consequentemente, gerar uma experiência positiva para o consumidor." EMERITUS. *Jornada do cliente*: entenda o que é e quais são as etapas. [s. l.], 2020. Disponível em: https://brasil.emeritus.org/jornada-do-cliente/. Acesso em: 30 set. 2021.

negócios nessas lojas. Aquele movimento era uma tendência de mercado que – pasme – a gente tinha antecipado no Brasil.

Quando o meu amigo disse que aquele fenômeno estava sendo notado no país, me lembrei de casos como a Polishop. Diversos produtos deles eram vendidos pela tevê. A Polishop estabeleceu no País o conceito de *omnichannel* antes de o mercado saber do que isso se tratava. Muita coisa foi vendida para clientes que nem sequer sabiam que "precisavam" daqueles produtos: churrasqueira George Foreman, Airfryer Walita, AB Tronic e muitos outros.

Depois do sucesso de vendas estrondoso pela tevê, vieram as lojas físicas da Polishop, com consultores que estavam lá apenas para apresentar o produto para os clientes. Estes buscavam ver os produtos e entender seu funcionamento. Se o cliente quisesse adquirir ali, na hora, ele poderia. Do contrário, a venda estaria garantida pelo trabalho feito pelo programa de tevê. Mas ele poderia comprar do concorrente? Não, pois o conceito eliminava esse risco ao privilegiar apenas produtos exclusivos.

Era possível comprar uma fritadeira elétrica de outra marca, mas "aquela", da Walita, como mostrado na tevê, só na Polishop. E o preço era bem mais elevado do que qualquer marca equivalente no mercado, mas que não constava da campanha vencedora da Polishop. É disso que estamos falando.

Assim, podemos definir o propósito dessa empresa (além da missão, valor e visão) do seguinte modo: oferecer inovação, com facilidade e economia. Alguém poderá perguntar: "Como se oferece 'economia' vendendo uma fritadeira elétrica por um preço 400% mais caro do que o da concorrência?". A economia está em não usar óleo para fritar, na saúde que aquele produto oferece e tantos outros *valores agregados* que podem ser enumerados.

Essa experiência é que ditará a venda. Acredite nisso.

As experiências ruins estão afastando os clientes mais rápido do que as empresas nem sequer imaginam. Ao contrário do que se costuma pensar, que uma marca forte e bem situada tem "gordura" para queimar com alguma experiência negativa, é possível perder 25% de seus clientes em um único dia depois de apenas uma experiência ruim que ele tenha. É isso o que afirma uma pesquisa recente[69].

Nos Estados Unidos, mesmo sendo fiéis a uma empresa ou produto, 59% dos clientes debandam depois de algumas experiências ruins e 17% após apenas uma experiência negativa. Do total de clientes, 32% parariam de fazer negócios com uma marca à qual eram fiéis após uma experiência ruim. Na América Latina, 49% afirmam que abandonariam uma marca após uma experiência ruim.

Mas vamos deixar de lado esses dados por um instante e nos concentrar em muitos outros casos de tremendo sucesso experimentados por empresas brasileiras. O caso da Natura, por exemplo, é estudado na Universidade de Harvard[70]. O da Cacau Show é espetacular, ao encontrar um *gap* entre os fabricantes de chocolate mais populares, digamos assim, e os de alto padrão, como a Kopenhagen. A Cacau Show encontrou nesse espaço o seu mercado e hoje tem lojas espalhadas nas mais diferentes regiões dos grandes centros. E temos esse caso citado da Polishop, conhecida por todos, entre outros.

Ainda que seja um canal, um meio para se alcançar um fim, o *e-commerce* constitui uma tendência incontornável que a pandemia do coronavírus só fez ampliar exponencialmente.

A evolução no faturamento do *e-commerce* na América Latina é algo que as empresas precisam olhar com desejo de estar nas estatísticas. Segundo dados do eMarketer, em 2018 foram faturados US$ 56,47 milhões na região, apenas no varejo. O crescimento medido foi de 3,5% (*on-line* e *off-line*). Em 2019, US$ 70,07 milhões, com crescimento de

---

69 PUTHIYAMADAM, Tom; REYES, José. Experience is everything. Get it right. *PwC US*, [s. l.], 2018. Disponível em: https://www.pwc.com/us/en/services/consulting/library/consumer-intelligence-series/future-of-customer-experience.html. Acesso em: 17 nov. 2021.

70 https://hbr.org/2012/07/the-growth-opportunity-that-lies-next-door.

4,4%; em 2020, US$ 83,63 milhões, com crescimento de 5,6%; e em 2021, US$ 94,73 milhões e 6,2% de crescimento. E temos as projeções: para 2022, seguindo essa tendência, US$ 105,42 milhões de faturamento, com 6,6% de taxa de crescimento, e para 2023, US$ 116,23 milhões, com 7,1% de crescimento no varejo.

Assim como no restante do mundo, o Brasil viu o seu comércio eletrônico chegar a outro patamar em 2020. Dados da Mastercard e da Americas Market Intelligence (AMI) indicam que no primeiro ano da pandemia, 46% dos brasileiros aumentaram as compras *on-line* e 7% compraram pela internet pela primeira vez – tudo isso em decorrência do isolamento social.

Trocando em miúdos, mais da metade dos brasileiros já tem experiência de compras *on-line*. Falta às empresas desenvolverem a cultura em seus clientes, melhorarem a comunicação, proporcionando a elas uma experiência diferenciada. Os resultados aparecerão, mas há mudanças que precisam ser feitas para que no médio e longo prazo possamos colher os frutos desejados.

Somente no primeiro semestre de 2020, o *e-commerce* no Brasil teve aumento de 47% em seu faturamento, conforme informações da Ebit | Nielsen. Novas categorias ganharam destaque no comércio digital, especialmente a de supermercados *on-line* e itens para *home office*.

Em outra pesquisa da Ebit | Nielsen, os dados apontam que na penúltima semana de março daquele ano, o varejo *self-service* cresceu impressionantes 96%! Isso inclui os supermercados, que durante a pandemia do coronavírus ampliaram esse canal de vendas. Há redes, como o Pão de Açúcar, que já operavam por esse meio, mas as pessoas podiam ir a uma loja física; com o isolamento, foi observada uma ampliação estrondosa, mobilizando logística, atendimento e o próprio pessoal de TI. O cliente percebeu que, ao fazer esse tipo de compra, sobrava mais tempo para investir em outras atividades, então passou a utilizar mais o acesso ao supermercado pelo canal de vendas *on-line*.

Pessoalmente, gosto de ir ao supermercado. Reconheço que não são todas as pessoas que têm esse gosto, mas eu curto ver o posicionamento dos produtos, a estratégia de lançamento das empresas, o comportamento das pessoas. Costumo passar horas em um supermercado sem reclamar. Mas há aqueles que detestam ir às compras. Justamente por isso, essas redes precisam oferecer algo que aumente a experiência positiva das pessoas de algum modo, e isso pode passar pela conexão entre a loja física e o *e-commerce*.

O crescimento observado até hoje não deverá se repetir, e os gestores que planejam entrar com vendas *on-line* precisam se atentar para isso, mas sem desanimar. O crescimento por esse canal não deve se dar de forma tão acentuada, como observamos com a chegada da pandemia, mas a conquista de uma nova parcela da população deve manter a evolução do setor, uma vez que ainda há muitos clientes a serem conquistados.

Os dados que eu reuni dizem que 59% dos novos *e-shoppers* (consumidores) continuam comprando *on-line*. Ou seja, do total de pessoas que passou a comprar por esse meio, mais da metade se manteve nele, apesar de todos os problemas decorrentes, por exemplo, produtos de má qualidade, entrega deficiente, dificuldade para reclamar no pós-venda etc.

Qual é a solução? Compreender o conceito de Vendas 5.0, da experiência de vendas integrada entre o *high tech* e o *high touch*, a alta tecnologia, sem perder o contato humanizado, pessoal, sem deixar de dar ao cliente a possibilidade de sentir-se prestigiado e atendido adequadamente. A tecnologia é uma ferramenta e o profissional de vendas deve estar presente para que o relacionamento não torne a experiência de vendas algo frio e impessoal.

As empresas que desejam alcançar sucesso precisam transformar as vendas em experiências marcantes para os seus clientes. O público é bastante exigente em decorrência da quantidade de informação disponível na internet.

Diante disso, para atrair clientes, é necessário que as interações favoreçam encantamento e superação das expectativas. Invista na personalização e customização dos serviços e produtos.

Cerca de 80% dos consumidores nos Estados Unidos afirmam que velocidade, conveniência, ajuda especializada e serviço amigável são os elementos mais importantes de uma experiência positiva. Assim, temos que priorizar tecnologias que levem isso aos consumidores, em vez de adotar novas tecnologias para se manter na vanguarda.

Embora muitas empresas concentrem tempo e dinheiro em *design* inovador ou em tecnologia de ponta para impressionar os clientes, eles não são tão essenciais para a equação de experiência como muitas outras acreditam; é o que diz a pesquisa da PwC Future of Customer Experience Survey. Os clientes esperam que a tecnologia sempre funcione.

Essa mesma pesquisa diz que, hoje, 59% de todos os consumidores percebem que as empresas perderam o contato com o fator humano antes presente na experiência com o cliente. E há uma incompatibilidade entre as expectativas do cliente e como os funcionários as suprem: apenas 38% dos consumidores americanos dizem que os funcionários com quem interagem entendem suas necessidades; 46% dos consumidores fora dos Estados Unidos dizem o mesmo.

Portanto, se a experiência não tem sido a sua estratégia, você está fazendo errado.

Entre todos os clientes, 73% apontam a experiência como um fator importante em suas decisões de compra, atrás apenas do preço e da qualidade do produto. Os clientes estão dispostos a pagar mais pela qualidade e pela experiência, é o que mais importa para eles: 43% dos consumidores pagariam mais por uma maior comodidade e 42% pagariam mais por uma experiência amigável e acolhedora.

Reflita nesta afirmação: "A tecnologia não pode resolver os problemas da experiência, porque ela é apenas um facilitador e precisamos vê-la dessa perspectiva". A funcionalidade do Instagram Shopping, por exemplo, foi lançada em março de 2018 e, desde então, vem conseguindo alcançar lojistas e consumidores. De todas as vendas realizadas, as redes sociais tiveram aumento na participação por mais um ano. De 2019 para 2020, o salto foi de 12 pontos percentuais: de 22% para 34%. Um crescimento de dois dígitos a cada ano e evoluindo cada vez mais.

No gráfico a seguir, os "outros canais" são *marketplaces* e afins (66%), diante das redes sociais (34%). Dessa fatia que as redes sociais abocanham das vendas *on-line*, o Instagram representa 87% de todo o faturamento, deixando o Facebook distante na sua representatividade enquanto canal de vendas. Isso nos revela o quanto é importante ter os dados, os indicadores, porém, mais importante é saber interpretá-los.

VENDAS PELAS REDES SOCIAIS
- 66% Outros canais
- 34% Redes sociais

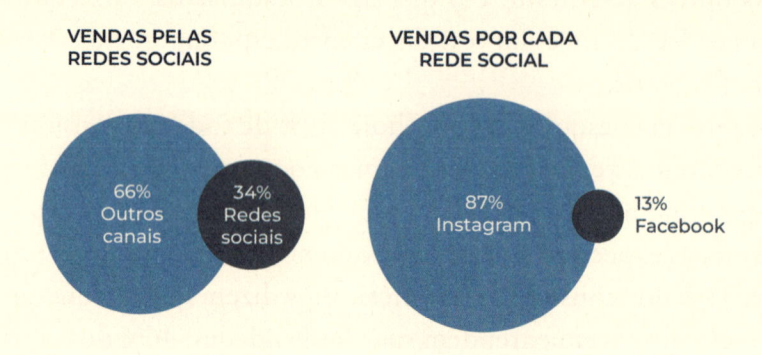

VENDAS POR CADA REDE SOCIAL
- 87% Instagram
- 13% Facebook

Figura 14 – Vendas on-line

As redes sociais são importantes? Sim, sem dúvida. E todas elas darão o retorno esperado quando investirmos nela? Não. E é isso o que esses números dizem quando bem interpretados. O Instagram – mais uma vez – aumentou sua importância dentro das estratégias dos empreendedores, ao passo que o Facebook continua registrando queda ano após ano.

Outra verdade que fica patente com o gráfico apresentado é que o *marketplace* é "um meio" de vendas dentro de um plano de negócios, assim como o *omnichannel* é outro. É essencial elaborar o plano de negócios, ter uma estratégia definida e ir para os meios, a fim de se chegar a um objetivo perseguido, que é o resultado em vendas. Desse modo, o seu negócio deverá atacar mais de um meio para se chegar a um fim desejado.

Alguns empreendedores ou gestores de vendas, quando se dão conta disso, reclamam, alegando que a prática demanda uma logística absurda, estoque, agilidade e outros elementos dos quais não dispõem. E se isso acontece, indica que eles não estão prontos para as vendas *on-line* como imaginavam e que não possuem a eficiência necessária no momento, mas isso não é razão para desespero. A alternativa é escolher um desses canais, atacá-lo e fazer os ajustes necessários aos poucos; depois, partir para outro canal e assim sucessivamente, até que vários meios sejam ocupados e bem explorados.

Quando falamos em vendas realizadas para clientes em dispositivos móveis, observamos aumento de 5,4% comparado com o ano anterior em relação às lojas Nuvemshop. Uma pesquisa da Panorama Mobile Time/Opinion Box aponta, realmente, que a porcentagem daqueles que realizam compras ou pagamentos por dispositivos móveis chegou a 91% no período do isolamento social em razão da covid-19, como pode ser visto no gráfico a seguir:

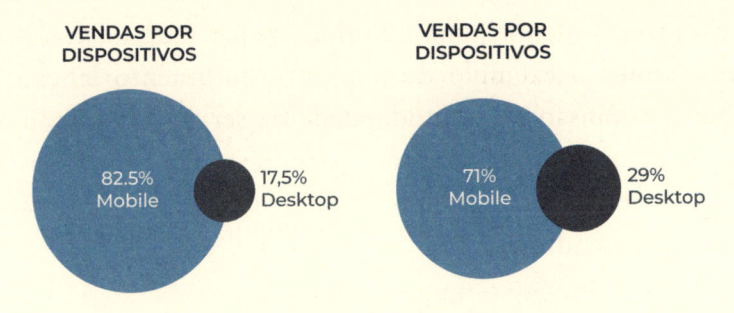

FIGURA 15 – VENDAS POR DISPOSITIVOS

Uma ilusão reproduzida com frequência é que os mais jovens são aqueles que puxam esses números para cima. O grupo de 30 a 49 anos de idade conta com 93% dos compradores via *mobile*. Os compradores dessa faixa etária estão procurando experiência, facilidade e conveniência. São pessoas com poder de compra desejável, porque estão na faixa etária de grande produtividade com retorno, isto é, são pessoas cuja carreira profissional já decolou e, em muitos casos, já se estabilizou, proporcionando retorno financeiro.

Os mais jovens podem ser mais ativos, mas, por estarem em início de carreira (ainda que com trabalhos que estejam em voga no momento), ainda não alcançaram a remuneração mais atraente quando comparada à das pessoas com maior tempo de vida profissional.

Nos Estados Unidos, as vendas de bens cujos valores são os mais elevados do mercado (como automóveis ou imóveis) há anos são feitas pela internet. Quando a venda é realizada, o contrato é fechado *on-line* e prevê a satisfação relativa do cliente, dentro do que foi apresentado pela internet, podendo, no momento da assinatura – esta sim, feita presencialmente – ser desfeito ou, na melhor das hipóteses, renegociado.

Um exemplo de negócio no ramo imobiliário no Brasil que tem um grande crescimento são as vendas de imóveis *on-line*. Nesse segmento, a Loft Imóveis que trabalha com vendas de apartamentos (e concorre com empresas como QuintoAndar[71]) vem se destacando muito bem. O *slogan* da Loft é "Venda seu apê mais rápido". Penso que no caso da Loft (sem fazer o menor juízo de valor, apenas para ilustrar o nosso conceito), temos o exemplo de um empreendimento lançado para aproveitar a expansão dessa modalidade de serviços, e que, uma vez lançado, eles pensaram em fazer os ajustes necessários no decorrer do tempo. E eu quero tomar o exemplo da Loft para dizer que falta humanização no seu atendimento.

---

71 QuintoAndar: *startup* brasileira de tecnologia focada no aluguel e na venda de imóveis. Na modalidade aluguel, a companhia administra o pagamento de aluguel ao proprietário, dispensando o inquilino de apresentar fiador, seguro-fiança ou depósito caução.

Quando falamos em *high tech* e *high touch*, não basta ter o chat para tirar as dúvidas imediatas. É preciso estabelecer algo como uma relação estável, que demonstre entrega, envolvimento e dedicação – que vão além da mera atividade de tirar dúvidas. O cliente precisa ter a experiência do relacionamento com o vendedor o mais próximo possível ou, de preferência, até melhor do que quando ele está diante do vendedor, sentado à mesa de negociação em um escritório ou plantão de vendas.

Cerca de 42% dos compradores apreciam a modalidade de *cashback*[72] e 34% gostam do pagamento simplificado, como aquele que é concluído com um clique ou utilizando as digitais no seu aparelho *mobile*.

Os programas de fidelidade estão crescendo no Brasil. A ABEMF (Associação Brasileira das Empresas do Mercado de Fidelização) estima que o volume de pontos/milhas emitidos com compras e transações dos clientes somaram US$ 128,2 bilhões, no primeiro semestre de 2021. Uma dessas práticas de fidelização é o *cashback*.

Quando o gestor pensa no todo, ele deve contemplar essa fase da venda que será o retorno do cliente. Se no Brasil a modalidade de *cashback* tem atraído adeptos cada vez mais, nos Estados Unidos esse recurso já era utilizado. No Brasil, historicamente, adotamos o desconto como recurso de vendas, mas no *cashback reward program*, como nos programas de milhagem, nós criamos um nível de atratividade para o cliente de modo que ele permaneça conosco, uma vez que ele está vinculado ou fazendo parte do nosso programa (como no caso das milhagens).

No modo descontos, nós fazemos algo como "liberar" o cliente para que ele opte por comprar do concorrente na sua próxima necessidade de um produto, serviço ou qualquer outra coisa que caiba no conceito de servicilização que nós dispomos e que queremos que ele adquira.

---

72   *Cashback* ou *cashback reward program* é um programa de recompensa, em dinheiro, de incentivo operado por empresas de cartão de crédito, em que uma porcentagem do valor gasto é devolvida ao titular do cartão.

O gráfico anterior também ilustra o que falei sobre a compreensão que o Mercado Livre teve de todo o processo. Quando os seus gestores perceberam que estavam atuando somente como canal de vendas, como "meio", eles mudaram a estratégia e também passaram a fazer o recebimento das vendas que eram realizadas no seu canal. O resultado foi uma participação expressiva no segmento: 27%.

Além disso, a entrega rápida foi outra etapa que o Mercado Livre decidiu incluir na gestão do seu negócio. A empresa passou a entregar os pedidos feitos no mesmo dia para aqueles clientes que queriam maior conveniência; isso representa a maioria dos casos de vendas pelo Mercado Livre. Em outros casos, a empresa entrega em apenas três horas, o que constitui um diferencial expressivo. O cliente, é claro, paga por isso, mas recebe a mercadoria ainda no calor do impulso da compra.

O gráfico de vendas por segmento, a seguir, chama a atenção por algumas informações que precisam ser interpretadas. Do lado esquerdo, observamos a diversidade de produtos e como eles se somam para gerar uma fatia significativa de tudo o que é vendido *on-line*. Do lado direito, estão os itens que poderiam passar despercebidos ou serem rejeitados como opção de produto quando falamos de vendas *on-line*.

Alguém poderá dizer que comprar roupas sem vê-las e sem experimentá-las é uma "roubada", um péssimo negócio. Mas observe você que moda e vestuário é o setor que mais vende pela internet, com 42% de todo o faturamento! (Note também "acessórios" e "saúde e beleza").

VENDAS POR SEGMENTO

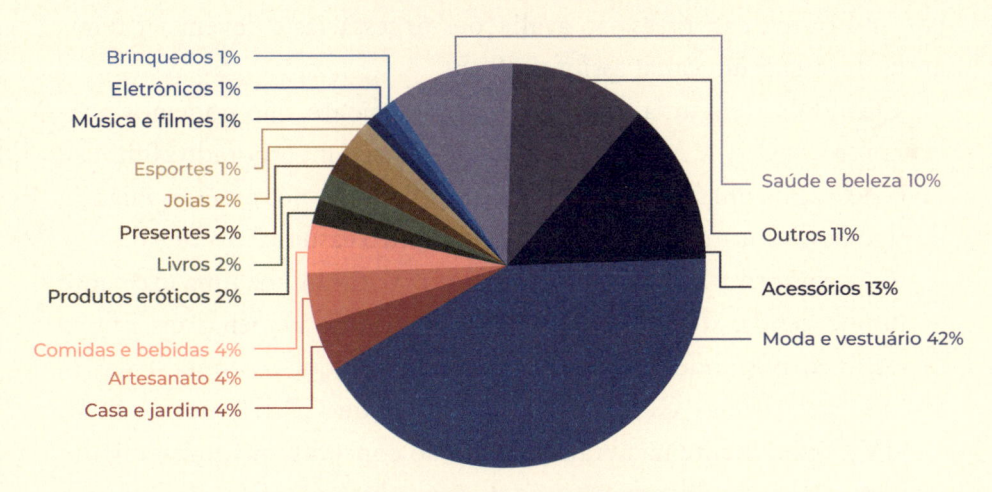

- Brinquedos 1%
- Eletrônicos 1%
- Música e filmes 1%
- Esportes 1%
- Joias 2%
- Presentes 2%
- Livros 2%
- Produtos eróticos 2%
- Comidas e bebidas 4%
- Artesanato 4%
- Casa e jardim 4%
- Saúde e beleza 10%
- Outros 11%
- Acessórios 13%
- Moda e vestuário 42%

Figura 16 – Vendas por segmentos

Uma das empresas brasileiras que atuam nesse setor, a AMARO, marca de *lifestyle* que oferece o melhor da moda, beleza, bem-estar e casa num só lugar, mostra uma história de sucesso. A AMARO tem como pré-requisito que os profissionais que trabalham no atendimento sejam consultores de moda, e não vendedores. Na loja física, o cliente é levado a escolher as peças que deseja adquirir, visualizando-as num belo monitor e, antes mesmo de chegar em sua casa, o pedido é entregue. A experiência do cliente vai a outro patamar.

Há setores que não demandam *e-commerce*, como a maioria dos casos B2B[73]. Ainda que empresas B2B possam ter um canal adicional de vendas pela internet, elas precisarão avaliar se essa "necessidade" não decorre do mau atendimento dos vendedores, se esse canal terá a eficiência desejada, se outros canais comuns ao seu negócio não serão

---

73 *Business-to-business*, expressão identificada pela sigla B2B, é a denominação do comércio estabelecido entre empresas. Há também o conceito de *Business-to-consumer*, ou B2C ou *business-to-customer*, que é o comércio efetuado diretamente entre a empresa produtora, vendedora ou prestadora de serviços e o consumidor final.

negativamente afetados a partir do momento em que o canal *on-line* passar a funcionar. Essas são avaliações necessárias e devem ser feitas antes de lançar um canal assim no B2B.

Quando se tem uma gestão de vendas eficiente, não podemos pensar em *commodity*[74]. A ocorrência de um serviço incorporado elimina a ideia de que há uma *commodity* em questão. Como nós estamos falando de algo dessa natureza, vamos considerar outro caso real no Brasil.

A Votorantim, que fabrica o Cimento Votoran, fez uma excelente gestão de vendas do seu produto, antes dirigido a apenas uma faixa de clientes: as grandes empreiteiras. O cimento que costuma ser apresentado pelas siglas CP2 (ou CP-II), CP3 (ou CP-III) ou CP4 (ou CP-IV)[75] claramente não era destinado ao consumidor final, o cliente não especializado. Nos *home centers*, o produto não ficava à vista e o mesmo acontecia nas lojas de materiais para construção.

Então, o trabalho do gestor foi identificar, pelos indicadores, a participação dos consumidores finais, o cliente não especializado, o não empreiteiro, aquele sujeito que tem um reparo ou uma pequena obra para fazer em sua residência ou comércio. A fatia de participação desses clientes no faturamento da empresa era consideravelmente significativa. Era preciso fazer um ajuste fino nessa comunicação com o cliente não especializado. E isso foi feito mudando a embalagem, adequando-a aos diferentes tipos de obras realizadas por esses clientes, dizendo claramente qual era a finalidade de cada um dos tipos de cimento disponíveis.

---

74 *Commodity*: termo correspondente a produtos básicos globais não industrializados; matérias-primas que não se diferem independentemente de quem as produziu ou de sua origem, sendo seu preço uniformemente determinado pela oferta e procura internacional.

75 As letras CP significam Cimento Portland, nome dado ao produto aglomerante cinza utilizado na construção civil que conhecemos simplesmente por cimento. Já o número (em algarismos romanos ou arábicos) indica o tipo do cimento, ou seja, a sua dureza, o tempo de secagem, a resistência, entre outras características.

Qual foi o resultado desse ajuste inteligente? O Cimento Votoran aumentou a sua participação de mercado em mais de 20%, mesmo tendo aumentado o valor do cimento em 12% no mercado de *commodity*, o que para esse tipo de produto é uma elevação bem grande! Eles treinaram vendedores para que pudessem compreender que esse grupo de clientes, ao procurar um produto dessa natureza, possivelmente estava realizando alguma obra em sua casa, e essa obra demandava outros produtos que a loja poderia vender.

Então, por meio de *checklists* que incluíam a apresentação dos diferentes tipos de cimento para as mais distintas finalidades e obras, os vendedores foram engajados na campanha que a Votoran realizou, a partir de uma gestão atenta e inteligente de vendas. Aconteceu o *cross-selling*[76], o que atraiu a atenção e simpatia do empreendedor, o dono do estabelecimento. A venda casada impulsionou as vendas de outros produtos, agregando valor ao próprio cimento, antes relegado a cantos empoeirados e escondidos em depósitos de material de construção.

Esse caso do Cimento Votoran nos dá outra lição, a de que a participação do gestor de vendas no canal de distribuição consiste em auxiliá-lo, por meio das ferramentas e dos indicadores de que dispomos, e a realizar melhor o seu *sell-out*[77].

Mas atenção: não podemos confundir o *sell-out* com *merchandising*, que é o papel realizado pelo que hoje chamamos de *trade*. O *trade* faz uma espécie de mediação entre os departamentos de vendas e de marketing.

---

76 Traduzido do inglês, venda cruzada, é a venda de um produto ou serviço adicional a um cliente.

77 *Sell-out* é um termo utilizado em marketing, muitas vezes especificamente no marketing promocional, ou também em finanças, que se refere à venda de determinado produto pela rede de distribuidores de uma indústria diretamente a um consumidor, sendo este um membro do segundo ou do terceiro setor. Por outro lado, *sell-in* é a venda realizada dentro da própria carteira de clientes.

O *trade* viabiliza a estratégia elaborada pelo pessoal do marketing, fazendo-a tornar-se realidade para a equipe de vendas. Essa foi uma sacada genial, que resolveu os problemas de ambos os departamentos. Nas empresas bem organizadas há a figura do diretor de marketing e vendas e abaixo deles estão os dois gerentes, o de marketing e o de vendas. Daí a minha insistência de que é fundamental compreender esses processos (marketing e vendas) para se chegar a postos mais elevados em uma empresa, por exemplo, ao cargo de diretor.

É inadmissível que se fale em "estratégia de vendas para *e-commerce*", pois a rigor isso não faz sentido. Sendo o *e-commerce* um meio ou um canal de vendas (não o único possível, mas talvez o principal), o gestor necessita ter a sua estratégia corporativa ou estratégia de vendas em função das demandas, do calendário ou de outras variáveis que cada negócio impõe.

O gráfico a seguir exemplifica a importância da estratégia:

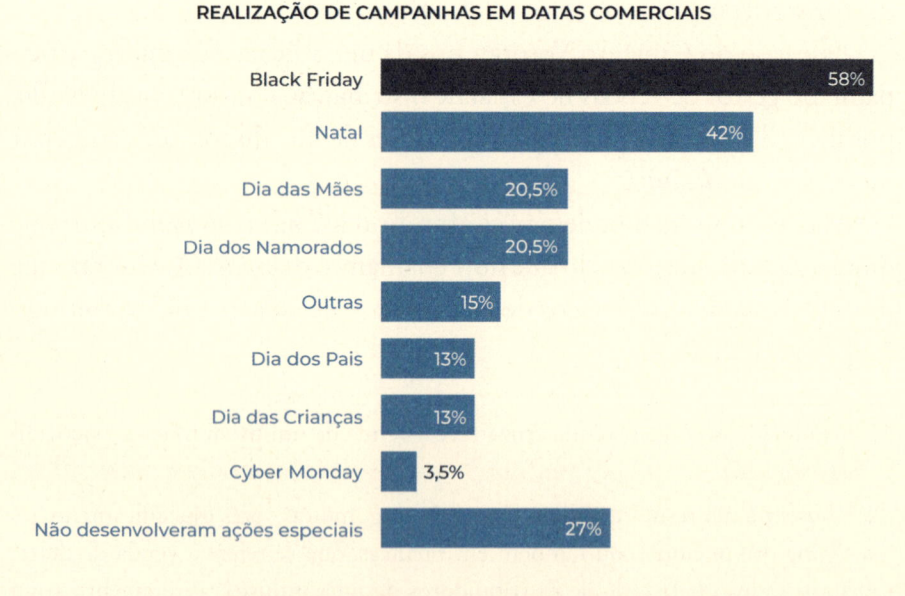

REALIZAÇÃO DE CAMPANHAS EM DATAS COMERCIAIS

Data	%
Black Friday	58%
Natal	42%
Dia das Mães	20,5%
Dia dos Namorados	20,5%
Outras	15%
Dia dos Pais	13%
Dia das Crianças	13%
Cyber Monday	3,5%
Não desenvolveram ações especiais	27%

FIGURA 17 – CAMPANHAS ESTRATÉGICAS

A estratégia ajustada ao *e-commerce* da sua companhia lançará mão daquilo que em filosofia se conhece por maiêutica[78]. Será preciso fazer as perguntas certas. Quer vender o quê? Para quem? Como? Quanto? E, ainda, perguntas que deverão elucidar melhor a estratégia a ser adotada de acordo com os objetivos propostos e explicitados no plano de negócios. Sem isso, parte do trabalho realizado na ação será perdida pela subjetividade exagerada.

É preciso racionalizar as ações para atingir os resultados desejados. E, embora eu fale em "desejo", o que é um sentimento, esse desejo decorre do puro conhecimento das possibilidades.

Em gestão de vendas, não desejamos aquilo que é irrealizável; temos metas altas, sim, mas elas precisam ser alcançáveis, atingíveis. Daí, novamente, a necessidade dos dados, dos indicadores e da boa interpretação deles. O mesmo é preciso dizer sobre estar em dia com a situação do *supply chain*[79], saber se o canal de distribuição está apto para a ação que será realizada, se haverá estoque suficiente para essa ação, não desabastecendo o fornecimento regular para clientes que não entrarão nesse planejamento (caso se opte por uma ação dirigida a um *cluster*, por exemplo). Em outras palavras, se a interface de toda a cadeia não estiver sincronizada, a sua campanha naufragará e você estará fora.

O atendimento de qualidade ao cliente do *e-commerce*, que hoje é um verdadeiro gargalo em muitas empresas, é capaz de conquistar um visitante que tenha dúvidas e de fidelizar aqueles que já compraram

---

78 A maiêutica socrática significa "dar à luz", "dar parto", "parir" o conhecimento. Método ou técnica que pressupõe que "a verdade está latente em todo ser humano, podendo aflorar aos poucos à medida que se responde a uma série de perguntas simples, quase ingênuas, porém perspicazes".

79 *Supply chain*, a gestão da cadeia logística, também conhecida como gestão da cadeia de suprimentos, gestão da cadeia de abastecimento (em Portugal), *pipeline* logístico ou rede logística, consiste em todas as partes relacionadas, seja direta ou indiretamente, na execução do pedido de um cliente.

em sua loja virtual. Por tal motivo, esse é um tema que não deve ser deixado em segundo plano pelos empreendedores. E quem não tem familiaridade com termos como *inbound marketing*[80] e *outbound marketing*[81], poderá aprender e assimilar boas dicas que consideram o segmento pretendido, e isso com uma simples pesquisa na internet[82].

Uma dica que eu dou é acessar o site da Sales Force Brasil[83] e conhecer diferentes ferramentas e indicadores de performance que eles disponibilizam para quem quer começar a navegar nesse interessante e necessário mundo de conhecimento em marketing e *e-commerce*: relatórios, *pipeline* (ou funil de vendas), CRM, análises, atendimento ao cliente, *cases* de sucesso e muito mais.

Feito isso, procede-se o registro do cliente, monta-se uma base robusta, o CRM, traça-se o perfil do cliente e se chega à criação de *clusters*. Os *clusters*, representam uma estratégia de marketing para agrupar clientes ou segmentar o público-alvo em grupos que guardam características de consumo em comum. Não estamos pensando em informações como idade, sexo e dados pessoais, mas indicadores que nos levem a um ajuste bastante eficiente na hora de montar a estratégia adequada para um perfil, que não servirá para clientes de outro *cluster*, que agrupe consumidores

---

80 *Inbound marketing* ou marketing de atração (trazer clientes) é uma forma de publicidade *on-line* na qual uma empresa se promove por meio de *blogs*, *podcasts*, vídeo, *e-books*, *newsletters*, *whitepapers*, SEO e outras formas de marketing de conteúdo.

81 *Outbound marketing* é um processo de prospecção ativa (buscar clientes) para abordar potenciais clientes que correspondam ao perfil de cliente ideal, que é definido por um conjunto de parâmetros ligados às características do cliente que se adapta melhor à solução oferecida.

82 É possível encontrar na internet boas dicas de *inbound* e de *outbound* para determinados tipos de produtos.

83 Sugiro sites como o https://www.sugarcrm.com.br/ e o http://www.agendor.com.br. Para quem tem conhecimento de inglês, encontrará *softwares* gratuitos de CRM muito bons.

com outro perfil dominante. A partir disso, o gestor poderá pensar em melhorar os resultados da sua estratégia ou equipe.

Posso dar um exemplo pessoal que aconteceu recentemente. Eu, aos 61 anos de idade, fui disputar um campeonato paulista de *crossfit*. E tudo começou com um médico, que depois de examinar os resultados de uma bateria de exames, me orientou a praticar esportes urgentemente. Eu, que até então havia comprado somente bons sapatos, comprei o meu primeiro par de tênis. Depois precisei adquirir bermudas, camisetas apropriadas para a prática de exercícios, meias e tudo o mais.

Assim, aquele sujeito que nunca tinha tido nem sequer um par de tênis na vida, passou a ser um cliente contumaz de artigos esportivos. Agora veja o outro lado, o do gestor, a partir da minha experiência, e veja a pergunta que devemos fazer. Aquele gestor que não definiu adequadamente o meu perfil, que não montou os seus *clusters* e precisa traçar uma nova estratégia de vendas de seus produtos no segmento esportivo, vai gastar mais uma vez os recursos com *outbound* se quiser conquistar o cliente Claudio? Consegue perceber como isso faz toda a diferença?

A essas ferramentas de análise de performances são complementos para o bom atendimento os aplicativos como WhatsApp, Instagram, Facebook, e o próprio *e-mail*. E têm sido muito proveitosos para certas faixas de clientes que não acessam um serviço, mas conseguem contato com as empresas por outro meio. Ganhará a empresa que conseguir articular as ferramentas disponíveis (haja vista que praticamente todas elas são de fácil domínio para praticamente todos nós). Veremos nos gráficos a seguir alguns exemplos e suas relevâncias:

MEIOS UTILIZADOS PARA ATENDIMENTO

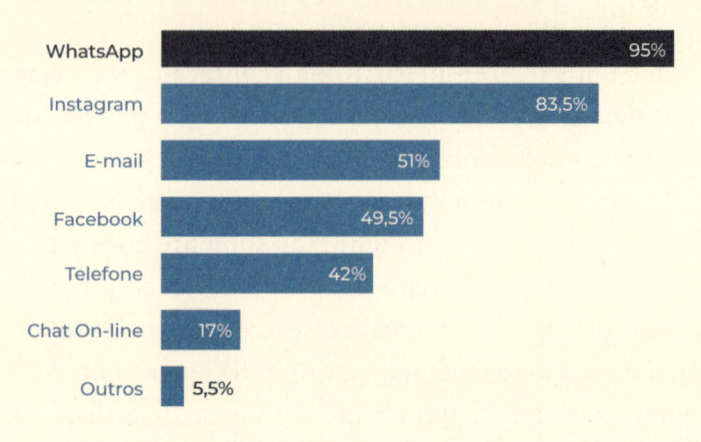

- WhatsApp: 95%
- Instagram: 83,5%
- E-mail: 51%
- Facebook: 49,5%
- Telefone: 42%
- Chat On-line: 17%
- Outros: 5,5%

*A soma excede 100% uma vez que os respondentes puderam mencionar mais de uma opção

Figura 18 – Atendimento por aplicativos

SERVIÇOS USADOS PARA ANÚNCIOS PAGOS

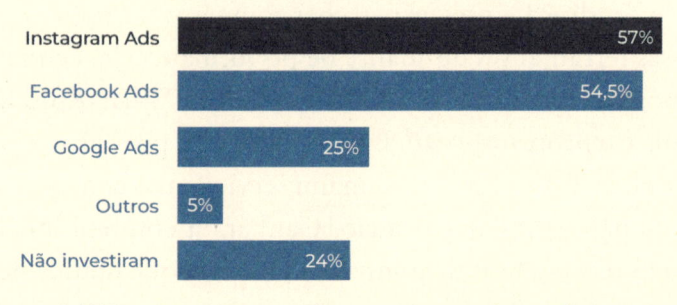

- Instagram Ads: 57%
- Facebook Ads: 54,5%
- Google Ads: 25%
- Outros: 5%
- Não investiram: 24%

*A soma excede 100% uma vez que os respondentes puderam mencionar mais de uma opção

Figura 19 – Impulsionamento na internet

High tech e high touch

E a esta altura, devo chamar a sua atenção para a combinação entre *high tech* e *high touch*. No caso do atendimento digital por chat *on-line* que diversas empresas têm utilizado, o cliente começa teclando entre opções numéricas que o direcionam por departamentos, assuntos, grupos de necessidades, níveis de interesse, entre outros; é a hora de aproveitar o melhor que o *high tech*, a alta tecnologia, tem a oferecer para a nossa atividade.

Mas chega um momento em que a agilidade cumpre o seu papel e surge a necessidade do fator humano, aquele elemento que terá a sensibilidade e outros atributos que a máquina pode até possuir, mas não com o mesmo nível de excelência e toque de personalidade que o nosso. Então, o *high touch*, o alto toque pessoal, vai cumprir o seu papel muito bem, de um modo que só ele terá capacidade.

Embora o gráfico "Meios utilizados para o atendimento" nos forneça números e indicadores, eles precisam ser interpretados. Nunca se esqueça disto: dados, estatísticas e indicadores não falam por si, precisam ser analisados à luz de uma conjuntura, de um cenário.

O fato de o WhatsApp liderar o atendimento a clientes de modo inteligente e remoto, não significa que essa ferramenta, sozinha, sem a intervenção humana, traga tudo para dentro da empresa, isto é, o maior potencial de vendas que a combinação entre *high tech* e *high touch* poderá trazer. Há muitas vendas que deixarão de ser realizadas, porque nem todos os clientes terão sido atendidos do modo como seriam no caso de uma intervenção humana, o *high touch*.

Se mencionarmos um cliente que entrou em contato para reclamar – e refiro-me a clientes de fato, aqueles que já compraram uma, duas ou mais vezes –, então o índice de rejeição ou de insatisfação com o serviço *high tech* pode ser ainda maior! Sempre é possível melhorar e, sempre que identificamos uma lacuna em que a melhoria é possível, novamente estamos diante da necessidade de que o gestor de vendas seja sensível, inteligente e ágil.

Recapitulando e encaixando certos pontos propostos, o marketing é a área de um negócio responsável por atração, retenção e fidelização de clientes, decorre daí que defendemos a necessidade de a gestão de vendas incorporar o marketing ou ao menos dominar os conceitos de marketing, porque não se trata específica ou exclusivamente da venda, mas do *lead*[84], da venda e do pós-venda, a recompra, a continuidade.

Assim, por meio de suas estratégias, uma empresa cria e entrega valor ao consumidor com suas soluções, uma vez que o conceito de valor[85] (diferentemente de preço) é dado pelo marketing. Essas soluções hoje são melhores apresentadas quando se combinam inteligentemente *high tech* e *high touch*, quando conseguimos integrar o melhor dos dois mundos, o mundo da alta tecnologia e o mundo da excelência humana no atendimento.

Os influencers

O resultado que surgiu de uma pesquisa da Reward Style[86] diz que as vendas por meio de influenciadores, os *influencers*, aumentaram espantosos 670% entre a Black Friday de 2019 e a mesma data em 2020. Qual é a razão para isso? Qual é a essência desse aumento por meio de um meio específico?

---

84   *Leads* ou geração de *leads* é um termo de marketing usado para descrever o início do interesse ou a questão de um possível cliente em um determinado produto ou serviço de uma empresa. Os *leads*, ao contrário dos *prospects*, são contatos que demonstraram interesse por algum tipo de produto ou serviço.

85   Em marketing, o valor de um produto é a visão do consumidor quanto aos seus benefícios em relação ao que oferece (para saber mais, procure por "Canvas modelo de valor", um modelo simples e útil para qualquer tipo de negócio, de pequeno ou de grande porte). Dentro do conceito dos 4 Ps do marketing, Preço é a estratégia traçada para definir o posicionamento e a proposta de valor ofertada pelo produto. É a maneira como o produto ou serviço estará posicionado na mente do consumidor. É o mercado que define o preço, mas é o cliente quem define o quanto está disposto a pagar.

86   Plataforma bilionária de *tech* e moda.

Tecnicamente, nós podemos dizer que os *influencers* fazem o *inbound*, ou seja, eles aproximam o cliente do fornecedor, da marca ou produto. Mas por que eles fazem isso com tamanha performance? Isso ocorre porque os *influencers* têm a capacidade de convencimento dos seus seguidores, ao apresentar, de modo autêntico, a forma como utilizam aquele produto ou serviço, diferentemente de um anúncio – novamente, estamos diante de um tipo ou caso específico de *high touch*. Mais uma vez eu pergunto: percebem a diferença que isso faz?

Compradores que se tornam consumidores de determinada marca, produto ou serviço, após terem tido contato com um *influencer*, o fazem por reconhecer nesses influenciadores um usuário, por estabelecer empatia. Em outras palavras, os influenciadores mostram como uma pessoa comum (pelo exemplo do *influencer*) pode ser beneficiada ao usar um produto ou serviço do modo como qualquer outra pessoa (o consumidor) poderá usar[87].

As técnicas de *Rapport*[88] são eficientes para criar e otimizar a empatia com os clientes. A prática é utilizada pelos vendedores que pretendem criar conexões mais fortes com os consumidores e efetuar a venda de produtos ou serviços. Sua aplicação coloca a empresa em sintonia com o público e derruba as barreiras.

Além desse espelhamento e do uso da empatia, os empreendimentos precisam conhecer profundamente seu público. Os profissionais podem iniciar a aplicação dessa técnica coletando informações relacionadas ao nome do cliente no Google e nas redes sociais, apresentando o serviço ou o produto, ou encontrando um assunto para quebrar o gelo e iniciar o relacionamento.

---

87   Agradeço esta explicação certeira ao aluno Flavio Serafin, dada em uma das minhas aulas sobre gestão de vendas.

88   Significa "trazer de volta" ou "criar uma relação". É uma poderosa ferramenta de persuasão para aplicar nos negócios e conquistar mais clientes.

Influencers vendem a natureza emocional da marca. Quando uma empresa consegue identificar o influenciador que melhor representa a natureza emocional que a marca carrega ou comporta e consegue ter seu produto (ou serviço) exposto por ele, é gerada a atração de outras pessoas que emulam a sensação ou emoção que elas buscam. Daí, quando vemos uma pessoa da mídia representando uma marca específica, é porque estabeleceu-se uma relação tríplice em que marca, influenciador e consumidor foram conectados perfeitamente por um vínculo quase afetivo, um vínculo emocional, que está na raiz da venda.

Tivemos o caso da ex-BBB Juliette Freire, que se tornou garota-propaganda da Avon. Algumas pessoas não entenderam que, com mais de 30 milhões de seguidores no Instagram, ela deu rosto e identidade a consumidores da marca, o que pode ser permanente, duradouro. As pessoas que a criticaram consideraram que nesse patamar (com mais 30 milhões de seguidores), Juliette poderia assinar um contrato mais significativo ou com uma grande marca, que desse a ela maior exposição e retorno financeiro imediatos, como a Chanel ou outra. Besteira! Clientes da Chanel não são o perfil de público que Juliette atrairia com tamanho impacto.

A conexão que Juliette estabeleceu com a marca foi perfeita para os três lados: para a marca, para os clientes novos e contumazes da marca e para a própria Juliette, que incorporou a essência do que os produtos daquela linha representam.

Vivemos em um mundo (aliás, parece-me que a natureza humana sempre foi assim) em que as pessoas procuram alguém que as represente, que traduza o que elas pensam, sentem e reivindicam. Quando essas pessoas são encontradas, quando esses "representantes" são apontados no meio da multidão e conseguem espaço midiático, visibilidade, exposição pública em massa, elas arrastam multidões, porque dão voz, porque colocam-se como representantes de anseios, de necessidades, de grupos, de pessoas, de segmentos, enfim, dão vez e voz àqueles com quem se dá a identificação.

Não há nada de novo nisso. É sabido que os filhos farão aquilo que viram seus pais fazendo. É a emulação, um gesto ou comportamento autêntico, genuíno, que encontra forte eco nos discursos, nas falas. Daí o risco que influenciadores encontram – desde o CEO de uma empresa ao Presidente da República e todas as pessoas que estão expostas publicamente –, os seus admiradores, os seus seguidores, ou seja lá quem for, precisam ver coerência entre ato e discurso, entre o que é falado e o que é feito, isto é, o comportamento.

Quando essas duas pontas ou situações não correspondem, não se alinham, então há o descrédito. Por outro lado, quando há sincronia entre discurso e comportamento, automaticamente há respeito, há credibilidade. Assim, os *influencers* que conseguem ajustar esses dois polos e mantê-los, adquirem o maior respeito do seu público e até do público que não é o seu, mas que reconhece neles uma autoridade a ser respeitada e ouvida.

Na relação entre consumidores e marcas, produtos e empresas, acontece a mesma coisa. Consumidores deixam de comprar de uns e passam a comprar de outros quando emulam, isto é, quando se percebe que a alma ou essência deles está representada em outro bem ou em outro negócio. As pessoas estão à procura dessa experiência quando se dispõem a abrir a carteira para uma marca e não para outra[89].

Mas isso precisa ter seguimento, continuidade. Além da proximidade que se consegue quando a essência ou o caráter pessoal que o consumidor procura estão presentes na marca ou produto, é preciso aliar a isso a praticidade para que a relação cliente-fornecedor ou cliente-produto ou marca seja duradoura. O que fará a mediação nessas relações são os valores da empresa, o respeito da ajuda prática às pessoas reais, a consideração por aqueles que acreditam e pagam pelo

---

[89] Sobre isso, sugiro a leitura do seguinte livro: MARTINS, José Souza. *A natureza emocional da marca:* construção de empresas ricas. São Paulo. Campus, 2006.

que está sendo oferecido, sem que o oportunismo tome o lugar das promessas que um dia foram feitas e que atraíram as pessoas.

Como dispomos de mecanismos jurídicos mais eficientes, como o Código do Consumidor, entre outros meios, o público consumidor de hoje, diferentemente do público de uma década atrás, não suporta mais marcas oportunistas, mas procuram por aquelas que ajudem de forma genuína na resolução dos seus problemas.

Estratégia

Outro lado dessa relação em favor do consumidor é a sua preferência. Um exemplo interessante disso nós temos no *case* da marca de cervejas Heineken. Um ex-presidente da empresa no Brasil disse ter posse de uma pesquisa que apontava o gosto do consumidor brasileiro. Com base nisso, ele argumentou que o brasileiro não gostava de cerveja amarga, daí a razão para o baixo faturamento do seu produto no país e a pequena aceitação da marca entre os brasileiros. Ele sugeriu que a fórmula da cerveja fosse alterada para agradar ao público local. Resultado: ele foi imediatamente demitido.

O novo presidente que assumiu em seu lugar entendeu a situação e percebeu que afirmar o gosto do brasileiro por outro sabor de cerveja não era a melhor opção. Ele optou por um reposicionamento da marca e apresentou a Heineken como "Cerveja Premium". Outra ação adotada por ele foi na contramão das práticas comuns das outras cervejarias. Ele incentivou o fortalecimento das microcervejarias, que faziam a bebida artesanalmente e ofereciam o produto com sabor semelhante ao da Heineken, isto é, cerveja mais a marca.

Qual foi o resultado dessas ações e iniciativas? A Heineken, que há cerca de quinze anos tinha de 2,5% a 3% de participação no mercado cervejeiro do País, passou a 18%, 20% e até 32% dependendo da praça.

Cada ponto percentual nesses indicadores significa o número impressionante de US$ 1 milhão por mês de lucratividade!

No mesmo segmento, a concorrente Ambev teve que se mexer rapidamente. Ela comprou e trouxe para o Brasil a Becks, cujo *slogan* é "a cerveja com o amargor certo". Isso nada mais é do que aculturamento, é desenvolver um trabalho significativo, estratégico e que respeita o consumidor e os seus desejos, apresentando alternativas que ele poderia desconhecer, mas que sejam tão atrativas e benéficas quanto o que ele já conhecia e dispunha[90].

Hoje, não basta apenas cumprir uma cota de representatividade de gênero ou de raça em anúncios. É preciso ir além e olhar para a sociedade como um todo quando pensamos as estratégias de vendas. Por isso, os 9 milhões de brasileiros que se identificam com a comunidade LGBTQIAP+ se dizem dispostos a priorizar uma marca que apoia a causa desse grupo; mesmo não sendo parte do grupo, precisam ser conhecidos dos gestores e das empresas e respeitados. Isso porque, em termos estratégicos, aplicar uma ação de venda que atinja negativamente a comunidade LGBTQIAP+[91] pode afetar e impactar profundamente os resultados de uma campanha que, de outro modo, seria um sucesso total!

---

90 Outro aspecto dessa situação envolvendo a oferta de um tipo novo de cerveja, a Premium, mostrou que haver uma alternativa de cervejas pode dar ao produtor a possibilidade de vender com alto volume e baixa lucratividade ou vender com baixo volume e alta lucratividade. Mas, essa situação não significou que outras marcas que adotaram o selo Premium tenham conseguido o mesmo êxito da Heineken.

91 O segmento LGBTQIAP+ (ou pink money), que até bem pouco tempo era um *cluster*, hoje é um nicho significativo. As vendas para este público movimentam cerca de R$ 420 milhões no País. BLOG ALELO. *Venda mais para o público LGBTQ+*: Pink Money movimenta R$ 420 bilhões somente no Brasil. [s. l.], 2020. Disponível em: https://blog.alelo.com.br/venda-mais-para-o-publico-lgbtq-pink-mo ney-movimenta-r-420-bilhoes-somente-no-brasil/. Acesso em: 7 out. 2021.

O mesmo se pode dizer dos 88% dos 45 milhões de pessoas com alguma deficiência física no Brasil. Elas concordam que as lojas (*on-line* e *off-line*) não oferecem estruturas para atendê-las, o que, em termos de apoio, engajamento e até militância, pode atrair ou repelir a parcela significativa de outros brasileiros não deficientes, mas que são compradores ou potenciais compradores de determinada marca, produto ou serviço. Por isso, repito: é preciso olhar para a sociedade como um todo quando pensamos as estratégias de vendas.

Igualmente, podemos falar dos 68% das pessoas autodeclaradas pardas e pretas no Brasil que não se sentem representadas pelas marcas que anunciam com frequência. A maior presença de negros fora da África está no Brasil. Num país onde 55,2% se autodeclaram pretos ou pardos[92], estamos diante de um mercado gigante dessa população, e maior ainda se considerarmos os brancos que apoiam as causas dessa fatia da sociedade brasileira.

A pergunta que eu faço é: o que os gestores das empresas anunciantes estão fazendo diante dessa percepção para estabelecerem uma relação de cordialidade, de respeito, de parceria e de lucros e benefícios entre eles e esses clientes?

O grande número de pessoas que se habituou ao comércio digital em 2020 deve tornar o público mais exigente em relação à usabilidade. Como aponta Bruno Delfino[93], gerente de Brand Marketing do Google: "à medida que os usuários se acostumam às ferramentas e aos produtos digitais devido à pandemia, eles se acostumarão a interagir com anúncios e vão exigir melhor experiência do usuário".

---

92 De acordo com dados da Pesquisa Nacional por Amostra de Domicílios (PNAD) 2019, 42,7% dos brasileiros se declararam brancos, 46,8% pardos, 9,4% pretos e 1,1% amarelos ou indígenas. Disponível em: https://educa.ibge.gov.br/jovens/conheca-o-brasil/populacao/18319-cor-ou-raca.html. Acesso em: 7 out. 2021.

93 Texto extraído do estudo Nuvem Commerce: Relatório anual do e-commerce em 2020 e tendências para 2021 – 6ª edição. https://d26lpennugtm8s.cloudfront.net/assets/blog_pt/nuvemcommerce_2020-21.pdf.

Isso acontece não apenas pelas exigências do público, mas também por uma mudança que o próprio Google planejou em seu algoritmo para o primeiro semestre de 2021. O novo critério, chamado Google Page Experience (ou "Experiência de Página do Google", em tradução livre), passará a priorizar a estabilidade das páginas, a velocidade de carregamento e a segurança dos sites, entre outros quesitos relacionados à usabilidade, na hora de exibi-los em seus resultados de busca.

Pensar estrategicamente, considerar efeitos colaterais e abrir novos mercados a partir da consideração de fatores variáveis, mas mensuráveis, precisa ser algo que esteja na mente de todo gestor atento e conhecedor do segmento em que atua, daquilo que ele vende e que o fez vestir a camisa da empresa.

Key Performance Indicator ou KPIs

Acompanhar os **KPIs (indicadores-chave de desempenho) de vendas** e avaliar o desempenho da equipe de vendas é uma etapa fundamental da estratégia de negócios de uma empresa. Entre os benefícios da prática estão:

- Garantir a saúde financeira da companhia;
- Alcançar objetivos;
- Garantir a validação da previsão de vendas;
- Impulsionar o sucesso da empresa.

Para começar a manejar os KPIs, o gestor de vendas deverá ter respostas para as seguintes questões:

- Qual é a estratégia adotada?
- Quais são os objetivos?
- Quais avaliações de performances são feitas?

- Como será monitorada a evolução?
- Como será feita a mensuração?
- O que é alta performance ou sucesso a ser considerado?

Cumprir os objetivos de vendas não deve ser a única maneira de avaliar a performance de uma equipe de vendas. Adote métricas para entender se a força de vendas como um todo caminha em direção ao crescimento.

A métrica pode ser entendida como um conjunto de indicadores de desempenho que avalia aspectos mais específicos. Esse acompanhamento mais clínico pode ajudar gestores e vendedores a entender o que está funcionando e o que precisa ser ajustado nas estratégias de vendas.

Quais são os KPIs de vendas mais relevantes para uma empresa?

Alguns exemplos de indicadores que você pode monitorar são:

- Taxa de prospecção;
- Nível de oportunidades encontradas;
- Velocidade de vendas;
- *Ticket* médio;
- Ciclo de vendas;
- Produtividade da equipe;
- Número de propostas enviadas;
- Índice de negócios fechados;
- Satisfação do cliente.

A métrica é a interpretação de uma medida ou de um conjunto de medidas que você utiliza para orientar o seu projeto. Por que medir? Dou algumas razões:

- Comunicar eficazmente;
- Identificar e corrigir os problemas antecipadamente;
- Permitir análises imparciais;
- Avaliar objetivamente o impacto das decisões;
- Ajustar as estimativas.

Alguém poderá perguntar: "Quais as melhores métricas para medir o sucesso da gestão de vendas?". Não existem métricas melhores ou piores. Existem métricas certas. A definição de métricas para medir o sucesso precisa estar totalmente atrelada aos seus objetivos. As métricas podem servir como pontos em um mapa, que ajudam a equipe de vendas a saber o que é preciso para chegar ao destino pretendido.

Portanto, sem um plano de vendas eficiente e objetivos coerentes não há como medir o desempenho. Somente depois de definir esses parâmetros é que os KPIs poderão ser traçados.

Vejamos na figura a seguir um exemplo de métrica:

Figura 20 – KPIs de vendas

Competir no mercado global exige mais conhecimento e habilidade do profissional.
Claudio Tomanini

13.
As 8 Leis Fundamentais do Sucesso

E este último capítulo eu dedico para falar sobre as 8 Leis Fundamentais do Sucesso. Você verá que toda a leitura, até este momento, foi destinada a ajudá-lo na busca de alta performance para conduzi-lo ao sucesso. Por isso preparei as 8 Leis Fundamentais do Sucesso, de acordo com a minha visão. Mas já adianto que a minha definição de sucesso é ser um bom profissional que desempenha um bom trabalho e se realiza com ele.

Todas as escolas e cursos do mundo precisam dessas leis. O mundo evolui, mas em geral as pessoas não aprendem como se tornar realizadas e a ter sucesso em casa e no trabalho.

Competir no mercado global exige mais conhecimento e habilidade do profissional. A evolução é um processo implacável. Com a globalização, a competição é ampla, mesmo a competição de mão de obra. O "0-800" dos Estados Unidos é atendido na Índia, o biquíni do Brasil é fabricado na China. A criança que nascer agora será mais competente do que um empresário de sucesso hoje.

Como crescer tanto?

Tudo é possível com foco e determinação. Pensar no futuro abre a mente e nos torna mais eficazes. As 8 Leis Fundamentais do Sucesso é uma tecnologia que todas as pessoas que triunfaram usaram.

A decolagem é a parte mágica de um voo. Ela dependeu da fé no desenvolvimento tecnológico, do treinamento do piloto e do plano de voo, como vimos. Mas sonho e fé somente não resolvem a questão do sucesso; é preciso a preparação das 8 Leis Fundamentais do Sucesso.

Deus diz que precisamos ter fé (está na Bíblia!). O piloto de avião tem fé, ele acredita que ao acionar o manete, a turbina tirará duzentas toneladas de aço do chão e voará.

Num mundo com preparação e tecnologia tudo é possível. Quem procura estar à frente tem mais "sucesso", de modo que pessoas e empresas que buscam continuamente a superação serão imbatíveis.

1. Pensar grande

Cientificamente, o pensar grande ativa as áreas superiores do cérebro. A ambição é uma virtude espiritual e, portanto, positiva. Ao olhar duas crianças observando um avião no céu, um sábio pensou: *O futuro do país depende da grandeza do sonho das nossas crianças*. A grandeza traz a evolução e a riqueza do planeta. Não podemos confundir isso com traição, passar por cima dos outros e corrupção. Esses são meios ilícitos e criminosos de ambição.

Em 1960, John Kennedy, caminhando com Jackeline em uma noite, olhou para o céu e falou: "Em dez anos o homem vai pisar na Lua". No dia 20 de julho de 1969, o astronauta Neil Armstrong pisou na Lua. Não há nada impossível. A impossibilidade é datada, está sempre relacionada a tempo e lugar.

Um homem pode voar com 200 toneladas de aço ao redor de si a 10 mil metros de altitude? Em 1990 isso parecia impossível, mas hoje todo mundo sabe que os cargueiros da Boing fazem isso naturalmente, sem surpreender a ninguém.

A competição é grande e cada dia mais complexa. Se ficarmos com a cabeça no passado, seremos ultrapassados sem perceber. A produtividade aumenta a passos largos com a automação transformando a mão de obra em atividades simples, sem raciocínio e com ações repetitivas. Uma criança que nasce hoje ultrapassará o líder empresarial mais avançado em conhecimento, porque ela está com o pensamento correto: o futuro.

Ademais, a maior satisfação do homem não é o sexo ou o dinheiro. Só para o homem primitivo isso é verdade. A invenção realiza o homem de hoje – e, se fosse possível, perguntaríamos isso a Thomas Edison e a Einstein.

Com a globalização, pensar apenas no próprio país é obsoleto. Os profissionais de uma fábrica de biquínis no Brasil podem ficar felizes e comemorar ao obterem ganho de produtividade de 20%; no entanto, logo irão à falência porque outra fábrica na China obteve ganho de 50%.

Estar à frente é uma decisão de caráter e não depende das circunstâncias. Como disse Heráclito: "O caráter de um homem é o seu destino".

Quando fazemos aquilo de que gostamos, aumentamos a nossa motivação. Quando você "gosta" de algo, gera um estado emocional positivo. Isso não depende de posição social. O *office boy* pode trabalhar numa agência de modelo ou num banco de investimentos; a energia será diferente e ele gostará mais daquilo que faz de acordo com seu "caráter". Gostar leva ao autoconhecimento: "você é o que você gosta". A pessoa com metas se sente melhor, aumenta a sua capacidade de percepção e aprendizado.

2. Objetivo

Ele determina a percepção das oportunidades e a capacitação.

Quando você estabelece um objetivo de vida, realinha o corpo e a mente para isso. Se você estabelecer que vai a Paris, passará a ter um estado de ânimo superior, maior do que para ir até a esquina. Um objetivo também altera a visão. Se uma pessoa está no vigésimo andar de um edifício em uma avenida com trânsito engarrafado, e ela tem o *objetivo* de comprar um carro da marca Toyota, ela irá ver vários carros passando pela avenida e, apesar da quantidade superior de carros modelo Gol e Palio, ela não os enxergará. Porém, se alguém chamar a atenção para um Gol preto, a pessoa imediatamente mudará a percepção e os verá. Isso mostra o benefício e o perigo da influência. Cientificamente, só vemos aquilo que pensamos.

Isso demonstra que as oportunidades estão sempre à nossa frente e que aproveitá-las depende da nossa visão (objetivo define a percepção); depende de enxergá-las.

Quem pensa grande e estabelece objetivos de longo prazo chega mais longe.

Definir metas e objetivos direciona a nossa mente a apreender as informações relevantes para realizar um sonho. O objetivo deve ser concreto: "quero ser isso", e não abstrato como um sonho. A partir disso, a pessoa deverá ter um caderno para desenvolver a estratégia de "como alcançar o objetivo". Então, entra em cena o poder do *projeto*: se quisermos realizar um objetivo, devemos fazer um projeto, assim como se faz uma casa, um edifício ou uma ponte. O projeto traçado dá menor margem à dispersão.

3. Planejamento

Um estudo feito em Harvard mostrou que, em um acompanhamento de 10 anos com mil alunos, apenas 2% das pessoas fazia um planejamento por escrito para as suas vidas. O resultado foi que esses 2% possuíam mais riqueza do que a soma dos 98% restantes, tinham mais alegria no que faziam, estavam mais bem casados, apresentavam melhor relacionamento com os filhos e uma vida social mais ativa.

Fazer o planejamento aumenta, e muito, a produtividade; a mente humana é dispersa, e um plano escrito elimina grande parte das ações irrelevantes, que levam à perda de tempo e dinheiro, incluindo preguiça e dispersão. Sabendo aonde queremos chegar, precisamos de várias ações para nos preparar. Planeje a meta a ser alcançada, o objetivo do ano e do mês e a agenda do dia.

Uma parábola diz que o mundo é como uma hospedagem, onde é possível escolher entre uma pensão barata e um bom hotel cinco estrelas. O hotel cinco estrelas é muito mais rico e irá demandar mais recursos daquele que quiser passar uns dias ali.

Do mesmo modo, há mecânicos de carros de todos os tipos. Há o mecânico de Brasília, um carro que quase não vemos mais transitando pelas ruas, e o mecânico de Fórmula 1. O mecânico de Fórmula 1 é muito mais rico (e sua equipe emprega mais pessoal).

O que faz a empresa ser mais rica é se interessar por "outras" atividades, como pensar no futuro, no espírito do produto, no *design* universal, na arquitetura, no *style*, na automação dos processos, no desenvolvimento tecnológico e no treinamento.

Muita gente faz hambúrguer mundo afora, mas o McDonald's criou um templo com um restaurante infantil e um símbolo com o palhaço Ronald McDonald. O resultado é uma empresa muito rica, que tem o domínio no mundo dos *fast-foods* com um produto comum e uma lucratividade de mais de 30% sobre o faturamento.

No ano 2000, a Apple estava falida e a Kodak era um império. Em 2010, a Apple se tornou a maior empresa do mundo, enquanto a Kodak faliu. A Apple pensava na evolução digital e a Kodak vivia de seu passado. Vale lembrar que hoje a Apple é a primeira empresa do mundo a ultrapassar US$ 3 trilhões em valor de mercado, tornando-se a mais valiosa.

Nada abate a organização com conhecimento, e isso vale até mesmo para um cafezinho. Todos querem tomar um cafezinho de qualidade melhor.

O universo evolui e as descobertas científicas são permanentes, deixando tudo, a cada dia, na sua operação obsoleta.

A BASE DA COMPETITIVIDADE GLOBAL

Beleza & Style	*Style* é espírito com beleza, elegância e virtude. As pessoas são muito atraídas por coisas belas. As marcas com *style* têm muito mais valor. Cada produto tem um território imaginário natural acima da cultura que cria riqueza – como Marlboro e McDonald's – que são marcas com domínio planetário e mais de 30% de lucratividade. O espírito rebelde, o clássico, o esportivo, o espírito aventureiro, o conservador. Para ter um domínio planetário, a empresa precisa saber o espírito do produto, e o espírito projeta a forma: o carro com espírito aventureiro tem uma forma e o carro com espírito conservador tem outra forma na mente das pessoas, em todo o mundo. Nenhuma peça de um serve no outro.
Produtividade	O conhecimento, a tecnologia e a disciplina aumentam a produtividade. A automação aumenta, e muito, a produtividade, e hoje existem na China fábricas totalmente automatizadas. Grande parte das tarefas do dia a dia podem ser automáticas, como o piloto automático nos aviões. Os bancos avançaram muito na automação. A tecnologia promove avanços brutais: o avião se move mais rápido do que a carroça. O aprimoramento dos processos com inclusão de tecnologia e treinamento aumenta dramaticamente a produtividade.
Qualidade	Qualidade é uma questão de aprimoramento emocional. O bom gosto e a inovação de um produto são frutos de uma exigência pessoal. Quando olhamos um botequim e perguntamos se é uma marca planetária, o próprio inconsciente responde que não: precisa de organização, limpeza, iluminação, identificação, produtos saudáveis etc.
Complexidade	O pelo tem uma estrutura atômica mais complexa do que a pedra, assim como a equipe de mecânicos da Fórmula 1 é mais sofisticada do que o mecânico da esquina. A busca permanente por melhoria está na imaginação, em pensar cinco ou dez anos no futuro, ou cem anos. O espírito do produto diz a direção do crescimento. Depois circular: o índio alpinista que sai da tribo, para viajar na civilização, aprende com o nutricionista como se alimentar melhor, com o fabricante de cordas algo mais leve e resistente etc.

4. Meta e disciplina – avaliação

Saber refletir e tomar boas decisões é a tarefa mais difícil para qualquer ser humano. Manter o foco é muito difícil.

A conquista de seus sonhos é sempre um processo complexo e por isso exige objetividade para dar resultado. O planejamento e a meta organizam a mente para a ação, de modo que treinar a mente para ter disciplina é muito importante para qualquer profissional.

É fundamental seguir uma sequência das atividades e ter um *checklist* sempre à mão. No planejamento, é importante qualificar a importância e a urgência das tarefas. O mundo está em evolução e precisamos, constantemente, nos atualizar e inovar. Todos querem mais tecnologia, beleza e capacidade produtiva.

Gerente

O princípio da liderança requer estarmos com o pensamento sempre à frente. Isso porque uma empresa precisa funcionar bem, ter bom conhecimento do mercado, dos competidores, dos produtos, tendo amostras e usando-as, promover a integração das funções internas, a automação de processos (piloto automático) e a integração com o mundo. Uma melhoria qualquer na China altera a competitividade de empresas no Brasil.

Use um caderno de anotações: escreva as situações competitivas, reflita e melhore, crie opções, mesmo impossíveis, porque a dualidade do cérebro faz com que essa prática crie ideias de melhorias.

Quais são os parâmetros de qualidade do cliente? Quais são os seus? Quais são os do seu concorrente? Quais os parâmetros de integração com a operação (logística, pagamento, programação de pedido, automação de processo, melhoria da qualidade do produto do cliente).

Defina com clareza a infraestrutura que você precisa da empresa. A organização e a automação trazem produtividade e qualidade.

5. Preparação e empenho

Para vencer, uma pessoa precisa ter muita "sorte". Joana e Paula tinham prova na segunda-feira, e era sexta-feira. Joana resolveu estudar no fim de semana inteiro, enquanto Paula foi à praia, jogou vôlei e foi à boate. Quem teve mais "sorte" na prova?

A pessoa que cumpre com suas obrigações tem um objetivo de longo prazo bem definido e planejamento para alcançar suas metas, organização e disciplina; ela tem muita sorte. Esse é o segredo!

A competição tem uma natureza feroz. A evolução é um processo impessoal e implacável. O tempo é justo e igual para todos. A globalização mudou a face da Terra. Quem pensa somente no país será devorado. Na natureza, o leão come a zebra.

O conhecimento científico é a essência da evolução. Se tirarmos todo o conhecimento científico do mundo, votaremos à Idade da Pedra.

O Brasil se acha independente, mas toda a tecnologia do país vem de fora: lâmpadas, turbinas de avião, televisores, internet, usinas nucleares, satélites etc. O que fez o homem sair do modelo social de tribo para império, para o capitalismo e, agora, para o governo planetário, foi o nível de tecnologia reinante.

Quem quer ser médico precisa estudar Medicina, já que nada cai do céu. Em qualquer atividade é fundamental ter como objetivo o conhecimento acima da média para fazer a diferença e atingir objetivos mais elevados. Nesse momento, estão ocultas milhares de pessoas se preparando para se superarem (e talvez nos superarem!).

Todos dão preferência ao mais competente, a quem tem mais conhecimento, a quem sabe fazer com maestria e tem uma atitude positiva, interessada e responsável. Precisamos organizar nosso aprendizado, o formal das escolas, a leitura diária e as notícias relevantes.

No dia a dia, a preparação para uma reunião, uma apresentação de negócios, um fechamento de contrato tem muito melhor resultado com planejamento e preparação. Devemos ter a fé do piloto de avião, pois, independentemente da oração que faz, ele confere se o avião foi todo checado, vê o nível do combustível, a potência ideal para a decolagem e, quando vai para a cabeceira da pista e aciona o manete com a potência máxima, sabendo que com a tecnologia associada ao trabalho primoroso em cima das leis da física criadas por Deus, o avião decolará. A segurança na aviação é forte, porque é norma fazer o *checklist* e exigir que tudo esteja em ordem.

Entenda o cliente: atender bem, saber como o cliente usa o seu produto, as melhorias que quer obter e o produto, ampliando forma de pagamento, armazenagem, transporte, integração, entre outros.

6. Atitude

Quem você gostaria de encontrar? Uma pessoa entusiasmada que conhece muito o seu negócio ou alguém que está trabalhando numa posição da empresa apenas para "cumprir tabela"? Uma pessoa organizada e que conhece muito o seu trabalho deixará você falar à vontade e ouvirá com interesse e atenção, ou o contrário? Dá mais prazer encontrar alguém que tem muito conhecimento do seu assunto e ama o que faz, ou o contrário?

Nós trabalhamos em prol da evolução do planeta. Um milionário sozinho numa floresta será miserável, pois o seu ganho existe em função do conjunto da sociedade, dos funcionários e dos consumidores, da tecnologia e da educação das pessoas. Até mesmo os concorrentes fazem parte do seu negócio.

A mente que pensa com o espírito correto aumenta sua eficácia, bem como a reflexão no cotidiano sobre a necessidade objetiva das empresas, dos consumidores, dos métodos de inovar e aprimorar. Por isso, pense no longo prazo. O mundo está em evolução e as crises são pontuais.

Tenha em mente um conjunto de situações que elevem o astral. Todas as leis poderosas do universo já existem e o homem precisa percebê-las. Só as percebe quem está com alto-astral. Pense no futuro, que prospecta ser muito melhor. Pense como eram as coisas no tempo das cavernas. A elasticidade do cérebro aumenta a sua capacidade. Quando penso num oásis, isso me traz alto-astral e abre a minha imaginação.

É importante se sentir bem para o bom funcionamento da mente. A física quântica já provou que, se sentimos raiva, as moléculas de água do corpo ficam pontiagudas como cristais. Se sentimos amor e bem-estar, elas fluem como em um balé.

As qualidades exigidas de um vendedor são desenvolvidas com outras experiências. Confira no quadro a seguir:

Profissional	A diferença da atitude em um profissional é a mesma da criança para o adulto: a maturidade. O profissional trata a todos com educação, atenção e igualdade. A experiência arquetípica de vendas é se integrar à realidade produtiva.
Elegância	A pessoa com "cultura" é naturalmente elegante, porque ela passou pela experiência da história.
Estima	As pessoas que têm autoestima são organizadas, fazem tudo que é de sua responsabilidade e mantêm o ambiente limpo e agradável. E, com tudo em ordem, tratam as outras pessoas com estima.
Atenção	A pessoa que conhece bem aquilo com que ela trabalha cria gosto pela profissão e tem prazer e satisfação em fazer uso do seu talento e de seu preparo.
Inovação	Quando a pessoa pensa no futuro e no universo, no valor da ciência para a melhora da qualidade de vida, nas possibilidades da física quântica e da biologia, ela percebe que a evolução é natural – reflita sobre os últimos mil anos.
Atendimento	A pessoa em vendas tem a experiência de saber como o seu negócio se acopla à sociedade, à produção e à vida. Sem trabalho as pessoas são infelizes.

A religião

O espírito guia o ser humano para o sucesso. A seguir, veja o quadro do conflito existencial do ser humano: espírito e instinto; virtude e *status*.

Espírito	
Virtude	Status
Instinto	

A mente humana está dividida entre o espírito e o instinto, recebendo estímulos de ambos. O espírito tem o domínio sobre a matéria. O instinto quer a sua satisfação imediata e por isso busca *status*. O espírito dá o sentimento de paz e grandeza, mas exige tempo e disciplina para desenvolver virtudes para sua realização.

Para entendermos de forma dramática esse paradoxo, vamos citar a parábola da Princesa e a Prostituta. De um lado tínhamos o máximo de *status*; a princesa de um império rico, de "sangue azul", bela e educada, morava num castelo, era famosa, conhecia pessoas importantes, vivia rodeada de arte e frequentava os melhores lugares do mundo, mas mantinha relações sexuais com o marido das amigas.

Do outro, havia uma pessoa com o mínimo de *status*, uma prostituta numa região pobre do país, feia, sem educação formal, sem amigos importantes, que não conhecia nada do mundo, mas dava todo o seu dinheiro para a manutenção de uma escola de crianças excepcionais. Quem tem mais *valor*?

Ninguém precisa ser rico, famoso e com muito poder para ser feliz. Muitas pessoas ricas e famosas não se sentem realizadas na vida pessoal e/ou profissional e são profundamente deprimidas; mas você precisa ter *style* (estilo) para se realizar como pessoa (leia o item 8, O estilo pessoal).

A criança segue os seus instintos. O espírito exige o desenvolvimento de virtudes, renunciar ao interesse pessoal para o bem comum. O espírito deseja um mundo bonito e limpo, com conhecimento e bem organizado, justo e muito rico, com oportunidades para todos. O adulto que segue os instintos quer consumo imediato, sexo, lugares bonitos, ganhos fáceis e sem esforço, jogos e roubo.

O instinto nunca tem paz, porque é insaciável. Se tem à disposição US$ 1 bilhão, quer US$ 2 bilhões. Seu prazer é apenas imediato e está sempre insatisfeito. Há outras atividades que realizam mais uma pessoa do que adquirir e acumular riquezas. Formar um filho, por exemplo, é um prazer mais duradouro.

Pensar no futuro carrega um sentimento de bem-estar imediato. O futuro é mais rico do que o passado. Para viver em paz e obter a satisfação do espírito, o indivíduo precisa educar os instintos e estudar para obter conhecimento científico. Deus estava em espírito entregando a Moisés os Dez Mandamentos para a conduta correta do ser humano, e a Bíblia traz parábolas e histórias para que o homem se aproxime de uma condição melhor consigo, com o próximo e com o próprio Deus. Deus está com o cientista, porque o conhecimento científico desvenda as leis de Deus, as leis naturais, e elas contribuem para o bem-estar coletivo.

Com as parábolas e as histórias da Bíblia, a pessoa aprende os valores morais e a ter uma conduta correta. O conhecimento científico das leis naturais ajuda a humanidade a ter uma condição de vida melhor: a lei da gravidade atua na superfície da água, na represa que gera as turbinas, produzindo a eletricidade que acende a luz e aciona o elevador, e traz benfeitorias para todo ser humano.

A ciência melhora a condição de vida. O conhecimento científico, o trabalho e a organização melhoram a condição de vida da humanidade. Na minha opinião, o espírito nos leva a perceber que estamos todos interligados, que precisamos de energia elétrica, pão, lixeiros, combustível, óleo lubrificante... sem um desses itens, tudo no mundo para.

O paraíso é cada um fazendo sua função com qualidade e responsabilidade.

O espírito tem como *objetivo* a construção de um mundo melhor. Fazer produtos adulterados, sem qualidade, nos levará ao insucesso – ao fracasso. *Style* é espírito puro, integridade de caráter, beleza e elegância.

O espírito leva ao *style*, espírito e *style* são faces da mesma moeda. *Style* cria valor, porque gera bem-estar. O espírito tem poder, também gera milagres. A Harley Davidson, que estava falida em 1979, incorporou o espírito rebelde da motocicleta e se tornou ícone mundial com 2 milhões de pessoas na fila de espera de compra (um milagre da falência ao sucesso absoluto em seis meses).

O espírito cria valor do nada: "criar valor é transformar o pó da terra em obra de arte". Picasso, com um pouco de tinta e uma tela, fazia um quadro de US$ 100 milhões, porque pensava no espírito.

O espírito pensa em mil anos no futuro, pensa na evolução do planeta. O espírito projeta a forma. A Ford e a Volkswagen se juntaram para fazer carros com a mesma mecânica, mudando apenas a lataria, e foram à falência. O *style* é espírito puro com elegância e qualidade.

Aqueles que atuam e pregam em prol da religiosidade direcionam o homem a seguir as leis de Deus, o "cientista" descobre e usa as leis naturais do universo de Deus para a melhoria da condição de vida na terra. O homem que cria o *style* trabalha na incorporação do espírito na matéria, criando beleza, elegância e significado, aumentando o desejo de viver.

O trabalho é uma distração para dar sentido à vida. Reunidos, constroem o sucesso: religiosos, cientistas, trabalhadores e criadores de *style*.

As classes sociais

Elas surgem em função da amplitude das sinapses neurológicas que acontecem no cérebro. Quando pensamos só em coisas do cotidiano, as sinapses são curtas; se pensamos em utilizar na Terra as leis do universo para o progresso, as sinapses são de longa amplitude. Elas atuam no interesse da pessoa.

- Pensamento do homem pobre: este mês.
- Pensamento do homem mediano: em cinco anos.
- Pensamento do homem rico: em trinta anos.
- Pensamento do homem extremamente rico: em mil anos.

O pensamento do pobre se concentra apenas no produto, no caixa, pensa apenas no hoje, no que já existe, na sua sobrevivência. Ele reage por instinto, quer prazer imediato no mundo concreto e não planeja – tem a mente instintiva.

O pensamento da classe média permanece a médio prazo, pensa em educação superior, no planejamento, no plano de saúde e na aposentadoria, na economia, em estar preparada para ser um empregado no mercado de trabalho futuro, no mundo racional – tem a mente abstrata.

O pensamento do homem rico está no negócio. Ele pensa em criar um diferencial competitivo, pensa em ficar rico, usa a estrutura social já formada, interessa-se por *design*, inovação e tecnologia, usa a imaginação de forma objetiva – tem a mente psíquica.

O pensamento do homem extremamente rico está nas leis do universo, na evolução do planeta. Ele pensa no produto + arquitetura + *design* + desenvolvimento científico + *style* + organização eficaz; na criação científica e *style*, na evolução da Terra, no avanço do nível de consciência da humanidade, na criação de riqueza para o planeta, no avanço da tecnologia, nos problemas mundiais e no bem-estar coletivo – ele tem uma mente magnética.

7. Relacionamento

O melhor da vida são os relacionamentos.

Quem passar de avião sobre uma cidadezinha, onde há pessoas a quem ama, terá uma sensação diferente. Os relacionamentos profissionais estão em outro nível, na mente, e não no coração.

Veja a seguir a parábola da Metrópole Abandonada.

Toda profissão tem um caráter natural e um lugar na metrópole. Imagine uma metrópole completa, mas abandonada, sem uma única pessoa. Deus resolve colocar nela seis marginais. Para onde eles irão? Eles irão para o gueto, apesar de ter toda a metrópole à disposição.

Deus coloca dois policiais, uma viatura e uma delegacia nessa mesma metrópole. Para onde vão os policiais? Os policiais entram na viatura e vão para o gueto, atrás dos marginais, apesar de não haver crime. De tanto conviverem, os policiais se tornam "amigos pessoais" dos marginais, jogam dama e conversam com eles.

A vinte quilômetros de distância, um empresário da moda resolve fazer um desfile na cidade abandonada. Para onde ele irá? Para o melhor hotel cinco estrelas da metrópole. O empresário chama os policiais e os cobra: quero ordem na cidade. Os policiais, que eram "amigos pessoais" dos marginais, tornam-se imediatamente inimigos deles.

Isso mostra que a relação profissional tem outras leis diferentes das relações pessoais. Mas as pessoas podem ter relações pessoais dentro das relações profissionais, desde que não haja conflito de interesses.

Profissionalmente, cada pessoa é um elo na organização social. As pessoas ao redor precisam conhecê-lo, saber que você existe, e conhecer também a sua competência. Isso gera uma cadeia produtiva com confiança. Temos que respeitar as pessoas, saber que todos queremos crescer e que sozinhos não fazemos nada, precisamos sempre ter ou fazer parte de um time para alcançarmos um faturamento regular e crescente. Profissionalmente não precisamos ser amigos íntimos, mas precisamos ser uma fonte humana agradável de casos, novidades e informação. E saber que todos querem se sentir amados.

Assim como você deve planejar seus fins de semana, até nos relacionamentos podemos ter uma caderneta com fatos e casos interessantes anotados.

É aqui que entra o amor, e amar é usar as leis naturais para o bem-estar da humanidade. A força da gravidade atua na superfície da represa, o magnetismo transforma a força das turbinas em energia que aciona a luz e os elevadores na cidade. Amar é transformar as leis naturais em trabalho útil para a sociedade.

8. O estilo pessoal

Para se realizar, a pessoa precisa ter caráter. As empresas de moda de maior valor do mundo têm um caráter: Ralph Lauren é de origem nobre; Gucci é "I am a star"; Donna Karan é zen urbano; Louis Vuitton é formal moderno; Victoria's Secret é era vitoriana. *Style*, caráter e espírito são facetas da essência do ser.

Style é espírito com integridade de caráter. Imagine todos com a mesma "cara", como se fossem clones de Adão e Eva. O caráter, e não as circunstâncias, determina o destino. É a origem da percepção e da motivação. Se oferecermos a uma criança de 2 anos a opção de comer um hambúrguer ou de usufruir de uma bolsa de estudos de PhD na Inglaterra, ela preferirá o hambúrguer.

A essência do caráter é o espírito: o espírito aventureiro, o conservador, o esportivo, o clássico, o científico, o empreendedor, o rebelde, o idealista, entre outros.

Assuma o seu caráter, e o assuma como fazem as empresas de moda e você terá muito mais sucesso. Mas tome cuidado, porque o *style* exige coerência. O policial não pode colocar o nariz de palhaço e o palhaço não pode portar uma arma na cintura. Mas a pessoa sem caráter não tem vontade própria, ela é como um robô e pode ser trocada facilmente.

A personalidade forte tem instinto, desejos e gosto pela vida. As pessoas preferem se relacionar com profissionais que tenham projetos próprios e gosto pela vida.

Cada pessoa tem talentos específicos e eles precisam ser utilizados. Como as pessoas são diferentes umas das outras, isso cria um estilo pessoal que só acontece quando você faz além da obrigação, quando tem a norma básica e horários a cumprir, a oportunidade está em se expressar no capricho com um talento pessoal.

Trabalhe muito, mas usufrua das belezas da vida. Todo mês separe um dinheiro e "cometa" algum excesso, assim você se sentirá realizado no consumo. Medite no sentido da reflexão, pense grande, pense no futuro e planeje sua vida; pensar grande aciona neurônios na parte superior do cérebro tornando-o muito mais eficaz[94].

O sucesso depende de seguir as 8 Leis Fundamentais do Sucesso. O sucesso é maior quando você cria um estilo. O objetivo, o conhecimento e o preparo são fundamentais, mas não suficientes. A emoção não faz parte da mente intelectual.

O estilo cria o desejo de viver. Planeje fazer o que você mais gosta. Sinta-se parte das coisas e lugares de que você mais gosta, pois isso é você.

Você tem maior valor quando é um bom profissional e além disso tem o desejo de viver. Você trabalha porque quer realizar coisas. Cada pessoa tem por natureza um espírito (espírito rebelde, conservador, religioso, esportista, do glamour, empreendedor, inovador, refinado, familiar, moderno, idealista, amigável etc.). Estilo é espírito com

---

94 Criar riqueza é um processo complexo, mais do que no tempo da enxada, da botina e do chapéu. O processo de globalização vai transformar completamente os valores da sociedade moderna, as instituições serão mais fortes do que as vontades pessoais, no seu formato e objetivos; paradoxalmente as pessoas terão mais liberdade de se expressarem na vida pessoal, apesar das empresas se tornarem mais rígidas como já são as franquias, com modelo de negócio e *style* definidos. O metaverso vai acelerar ainda mais tudo isso.

caráter. Colecione imagens dos seus ícones: carros, roupas, viagens e pessoas... Isso mostra a sua ambição positiva e inspira os outros.

O gosto de viver é maior quando você se veste bem, usa um bom perfume e está em um lugar de que gosta. A boa saúde depende de bons pensamentos, boa alimentação, exercícios físicos que oxigenam a mente, vida familiar, atividades saudáveis, viagens e reuniões programadas com amigos. Vícios nunca deram certo nem combinam com a sua realização pessoal.

Profissionalmente, não vá fazer a prova apenas para passar, para ser aprovado, mas saiba a matéria, pois só o conhecimento é capaz de transformar o mundo.

Sentir-se bem o tornará mais agradável.

Planeje seu dia com flexibilidade e calma. Sinta-se parte das coisas de que mais gosta, pois você é o que você gosta. As portas estão apenas encostadas, e nós podemos abri-las.

A melhor *formatação* das empresas com regras mais claras e transparência deixarão mais evidentes quais são os profissionais de valor. A criação deixa de ser empírica para ser científica e terá que competir com todo o mundo. E, com tudo isso, você será uma pessoa de sucesso ou uma pessoa melhor com sucesso. A escolha é sua.

Conclusão

O papel do novo gestor de vendas é ser um analista da inteligência do negócio, saber fazer análise preditiva e conhecer tecnologias ágeis, CRM e as demais ferramentas de seu negócio. Ele não precisa ter profundo conhecimento das áreas de tecnologia, pois, para isso, nós temos à disposição gente altamente técnica que dará conta do recado. Mas ele precisa saber fazer as perguntas certas.

Além disso, e aqui eu quero resgatar dois conceitos que expliquei anteriormente, esse novo gestor de vendas na geração 5.0 deve conhecer profundamente o que está vendendo, tendo critérios específicos e metodologia para conhecer o produto de seu concorrente, dentro de um parâmetro justificável e equivalente, e usar e abusar das informações dispostas com ajuda do CRM e da Inteligência Artificial. Por quê? Pelo simples fato de que ele irá realizar a venda – do latim, *vendere* – para alguém que está realizando a compra, do latim *comparare*, que quer dizer "comparar, colocar ao lado" para observar as diferenças.

Só então será possível comerciar, que como vimos, vem do latim *commerciare*, de conjunto, acrescido de mercadoria ou material posto à venda. Quem comercializa está fazendo *negócio*, que é o que todos nós queremos fazer bem!

É preciso entender que a área de vendas é a menos estudada e a mais indisciplinada de todas as que compõem uma empresa. Quem quer vender com eficiência, atingindo resultados, produzindo continuidade, entendendo que ela não é um evento único e "irrepetível", mas um processo que se dá ao longo do tempo e pode ser aperfeiçoado, não poderá jamais pensar somente num aspecto raso e míope do negócio, mas terá que ter ampla visão, por meio da Inteligência Artificial. A máquina consegue se apoiar nos dados dos clientes da base e aprender continuamente como aperfeiçoar esse *lead scoring*, a partir da probabilidade de fechamento das contas que entram na base; serve para uma leitura de onde se está para o alinhamento de onde se quer chegar. É um enorme GPS na gestão, desde que se saiba lê-lo e interpretá-lo.

O conhecimento, por sua vez, é tudo o que temos à disposição para elevar o nível e mudar de patamar nessa tão instigante e excitante profissão. O objetivo é obter resultados superiores.

Na animação da Disney *Toy Story*, Buzz Lightyear usa uma frase como mantra, um chamado para a aventura, para superar os desafios que existem. É como se ele falasse para si mesmo que as adversidades e dificuldades podem ser superadas, pois a sua força e fé são infinitas.

> "Ao infinito... e além!"
> *Buzz Lightyear*

POSFÁCIO

Caro Leitor,

Receber o convite para escrever algumas palavras sobre um livro é, comparativamente, como ser escolhido para ser "padrinho" de batismo de um filho!

E quando respondemos "sim" a este convite, levamos em consideração todo o respeito e admiração que temos por quem o fez!

É desta forma que explico minha participação neste posfácio! O convite feito pelo Claudio Tomanini em muito me envaidece. Respeito, admiro e aprendo muito com o ser humano e o exímio profissional que ele é. Além disso, sou escritor e biógrafo dos grandes empreendedores brasileiros; escrevo meu 36º livro. Amo o que faço e, em especial, me aprofundar em histórias como a do Tomanini, que inspiram, motivam e transformam as pessoas!

Conheci Tomanini por volta de 2014, quanto apresentava o programa Biografias, na Rádio Eldorado, e que hoje o faço no meu canal do Youtube (www.youtube.com/eliasawad); ele participou de ambas as edições.

Ao convidá-lo na primeira oportunidade, eu o fiz pela admiração e respeito pelo professor, escritor, articulista e palestrante admirado no mercado. Após conhecer a biografia dele e algumas passagens da trajetória, saí ainda mais encantado: ali estava um vencedor na vida e na carreira, que os norte-americanos chamam de *self-made man*! O segundo convite ganhou um detalhe a mais: o carinho pela pessoa que ele é e representa!

Tomanini veio de origem humilde e investiu naquilo que o tornaria ainda mais qualificado e recheado de conceitos: o ensino e o conhecimento específico e diverso. As mentes transformadoras são criadas dessa forma!

Assim, ele se tornou uma das grandes referências na área de vendas que, para quem pretende desenvolvê-la com profundidade, qualidade e sucesso, é muito mais complexa do que parece.

E com todo esse conhecimento que ele vem acumulando com o tempo, porque é insaciável na busca por agregar informações e refletir sobre elas, tornou-se um alto executivo de importantes companhias, e depois partiu para as carreiras de conferencista, escritor e professor, e empreendeu com o produto mais difícil que temos para vender: nós mesmos!

E o faz com brilhantismo! Basta confirmar o valor que Tomanini tem no mercado e os motivos que fazem as grandes organizações e universidades contratá-lo!

Em 2021, convidei Tomanini para escrever um livro e, para a minha surpresa, ele me disse: "Elias, prometi a mim mesmo que não iria mais lançar uma nova obra, mas... Um convite que parte de você me desperta a vontade de voltar a transmitir pelas páginas de um livro um pouco daquilo que tenho vivenciado e as transformações que têm ocorrido no mercado e no segmento comercial. Eu topo!".

Fiquei extremamente feliz não só por ele ter aceito, mas também por ter considerado um convite vindo de mim, o que também registra o carinho mútuo!

Então... era hora de arregaçar as mangas! Claudio Tomanini, assim como em tudo que faz, apresentou-se comprometido com a causa e dedicou-se com afinco na pesquisa, organização, reflexão e escrita do livro.

Meses depois, tínhamos o conteúdo bruto pronto. E ele me honrou novamente, agora com a leitura em primeira mão do *Gestão de Vendas 5.0: caminhos para a alta performance*.

Comecei a ler... a me envolver com a narrativa... a aprender... a refletir sobre aquilo que era apresentado... a conhecer conceitos teóricos...

a entender como e se a teoria se apresentava tão claramente na prática... a me divertir... a me transformar!

Ao final do livro, mesmo me sentindo saciado de conhecimento, deu aquele gostinho do quero mais... de ter vivido uma experiência incrível... de não apenas ter lido, e sim investido meu tempo num livro de altíssimo nível em todos os sentidos: conceitual, espiritual, humanístico, profissional e pessoal!

Tenho então uma grande notícia para você, amigo leitor: você tem nas mãos uma obra-prima sobre empreendedorismo, vida e vendas! Aprenda ao máximo com ela e adapte esses conhecimentos ao seu modo de ser, pensar e agir. Ou mesmo aplique esses aprendizados como forma de transformar e ampliar o seu desempenho!

E a você, admirado e respeitado amigo Tomanini, fica a "má" notícia: você nos encantou tanto com este livro, que já exigimos que comece a escrever a próxima de uma sequência de obras: Gestão de Vendas 10.0... Gestão de Vendas 20.0... Gestão de Vendas 30.0... Gestão de Vendas 100.0...

Que você tenha muitas conquistas e que Deus guie as nossas vidas e carreiras!

ELIAS AWAD
Escritor, biógrafo e palestrante

ANEXO

PROPOSTA DE POLÍTICA COMERCIAL – MAPA ESTRUTURAL DA GESTÃO DE VENDAS
(nome da empresa)

"Política Comercial é um conjunto de regras comerciais baseadas nos objetivos da empresa, que estabelecem a forma de atuar dessa empresa e seus limites.
Política Comercial não é um Plano Estratégico de Vendas ou um Plano Operacional de Vendas, apesar de ter o primeiro como referência e o segundo como resultado dos limites aqui orientados. Estabelece uma regra atemporal e só deve ser mudada como reflexo de variação significativa dos objetivos da empresa.
Política Comercial é a referência para que todos na empresa, não só da área comercial, tenham a orientação de como proceder nas tomadas de decisão tanto para o público interno quanto para o externo, independentemente da sua área de atuação."

1. IDENTIFICAÇÃO DA EMPRESA

1.1 Descrição da empresa

Descreva o nome da empresa, ramo de atividade, localidade, estágio de desenvolvimento e o que for necessário para identificá-la.

1.2 Estrutura organizacional

Descreva a organização da empresa até o nível da maior posição da área comercial, identificando subordinação. Um organograma será útil para facilitar a leitura e o entendimento.

1.3 Produtos e serviços (linhas)

Identifique as linhas de produtos comercializados. Quando identificar produtos e serviços específicos, indicar o peso deles no total da linha e no total da empresa. A participação de mercado dessas linhas de produtos completa esta descrição.

1.4 Operações

Descreva as principais características operacionais da empresa, como sede/filiais, unidade de negócios, principais distribuidores, principais clientes, principais fornecedores e tecnologia de processos (se for o caso).

1.5 Principais concorrentes

Descreva quem são (marca e empresa), qual é a participação de mercado e como se destaca como concorrente.

2. MISSÃO, VISÃO E VALORES – PROPÓSITO

2.1 Missão
O objetivo da declaração de missão é garantir que a razão de ser da empresa seja claramente definida e entendida por todos os membros da empresa. Deve ser uma frase de impacto que contemple os seguintes pontos: definição do negócio, competência distinta e mercados-alvo que visa atender.

2.2 Visão
Indica o "sonho" que deve ser compartilhado por todos da organização. É a representação escrita da imagem que a organização quer ter no futuro.

2.3 Valores
São os princípios das ações comerciais da empresa. Definem as orientações perenes e essenciais que devem pautar as ações e escolhas.

DEFINA O PROPÓSITO DA SUA EMPRESA

_____
_____
_____
_____
_____
_____
_____
_____

3. PRESSUPOSTOS BÁSICOS DA POLÍTICA COMERCIAL

Devem ser estipuladas premissas referentes ao mercado, à empresa, ao papel da área comercial e do vendedor, ao processo de vendas, ao relacionamento com clientes e quaisquer outros valores e crenças que sejam considerados importantes para o direcionamento das ações de vendas. Deve-se responder:

- *Quais são os fatores críticos de sucesso para a área comercial no mercado em questão?*
- *Que papel deve ter a área comercial e os vendedores da empresa?*
- *Que mudanças no mercado afetam a redefinição do papel da área comercial na empresa em questão?*
- *Que valores e crenças fundamentais devem nortear as ações da área comercial, especialmente, em relação aos clientes, ao mercado e ao processo comercial?*

4. SEGMENTOS PRIORITÁRIOS DE ATUAÇÃO

Descrever os segmentos prioritários de atuação comercial, detalhando quem é o cliente (a primeira interface da empresa), quem é o usuário final dos produtos e serviços da empresa e a área geográfica de atuação.

5. OBJETIVOS COMERCIAIS MACRO – 202X+1

	202X (Atual)	202X+1 (Próximo)
VENDAS		
MARKET SHARE		
NÚMERO DE CLIENTES		
SATISFAÇÃO DOS CLIENTES – NPS		
RETORNO SOBRE VENDAS LÍQUIDO		

5.1 Vendas objetivadas 202X+1
Indicar como está previsto alcançar este objetivo.

5.2 *Market share* objetivado 202X+1
Justificar como esta participação de mercado será alcançada.

5.3 Satisfação do cliente
Justificar como este nível será alcançado e como será medido.

5.4 Retorno sobre vendas (líquido)
Indicar como será possível alcançar este objetivo.

6. DEFINIÇÃO DA POLÍTICA DE DISTRIBUIÇÃO

6.1 Canal de distribuição

Descreva quais são os canais de distribuição utilizados na sua empresa e com que intenção eles estão sendo utilizados. Existe alguma regra que os define? Faça uma análise crítica do seu desempenho recente.
Proponha, se for o caso, uma política de canal diferente apresentando as justificativas para esta proposta.

6.1.1 Processo do vender

Descreva o atual canal de vender (apenas atividades de vendas) utilizado pela empresa. Se for o caso, proponha motivações neste canal, justificando decisão e intenção.

6.1.2 Processo do entregar

Defina a parte em associação com a logística de entrega. Descreva como é (ou deveria ser) a gestão de estoque para a entrega, o processo de transporte e o que julgar necessário para ter produtos disponíveis para o mercado-alvo, ou a primeira interface. Lembre-se de que se a empresa em estudo for de serviços, o processo do entregar ocorre de maneira diferente do que se for de produtos.

6.1.3 Processo do financiar

Aqui entra a parte da política de vendas, que é o financiar: prazo de pagamento, parcelas, juros etc., porém definido nos ciclos comerciais. O processo do financiar será aquele determinado na Política de Preço da empresa, contendo o preço propriamente dito de cada um dos produtos e serviços, a definição de descontos, os prazos de pagamentos, juros e condições de entrega. Esta política será definida para cada ciclo comercial.

6.1.4 O ciclo de vendas e manutenção dos clientes

Delimite o ciclo de vendas dos produtos da empresa em estudo. Descreva o processo de pré-venda, venda e pós-venda. O conceito deve orientar todo o processo de nutrir o funil de vendas, como gerenciar a progressão nas etapas até o processo de vender e entregar. Detalhe o que é feito. Nas vendas recorrentes, descreva o processo como é feito. Para o produto entregue trate as atividades que a empresa faz para garantir a satisfação do cliente.

6.1.5 Tipos de vendas

Descreva como devem ser realizadas a venda pessoal face a face com vendedores, pessoal por telefone, impessoal eletrônica, e tudo o que descreve o tipo de vendas. Use o material da Empresa Fantasia. Complemente se a empresa utilizar representantes de vendas e como são os limites de atuação que devem ser definidos neste documento.

7. DEFINIÇÃO DA POLÍTICA DE DIVISÃO DO TERRITÓRIO DE VENDAS

Descreva quais são os critérios que determinam a formação de um território de vendas: geografia, produtos, mercado, contas-chaves (key accounts), e se utiliza um formato matricial combinando dois ou mais critérios.
Indique limites e regras estabelecidos para cada um dos formatos de configuração de território.

8. DEFINIÇÃO DA POLÍTICA DE PREÇOS

Defina o que determina o preço em geral da empresa e específico de cada produto ou linha de produto. Lembre-se de indicar o que determina o preço de tabela, os descontos que são aplicados e quais as condições para entregar um produto ou serviço.

9. POLÍTICA DE RECURSOS HUMANOS – ÁREA COMERCIAL

9.1 Estrutura comercial

*Insira aqui o organograma **comercial** da empresa objeto deste estudo.*

9.2 Funções organizacionais da área comercial

Você pode incorporar e adaptar as funções descritas logo abaixo para a empresa em estudo. Sugestão: para esta parte converse com a gerência de Recursos Humanos.

9.3 Atribuições organizacionais da área comercial

Descreva as atribuições de cada cargo utilizando como roteiro: resumo (reporta-se a quem – cargo dentro da organização); principais atividades do cargo, conhecimentos, habilidades e atitudes. Use como referência os cargos apresentados no documento da Empresa Fantasia, podendo fazer adaptações a partir do que lá foi descrito. Considere outros cargos, se aplicável.

9.4 Recrutamento e seleção

Descreva como é o processo de recrutamento e seleção do pessoal da área comercial da empresa em estudo. Destaque o que é recomendado aplicar como mudança.

9.5 Treinamento

Descreva como é realizado o treinamento e o desenvolvimento das equipes de vendas da empresa em estudo. Proponha uma política para esta área caso não exista. Destaque o que é recomendado aplicar como mudança.

9.6 Motivação e incentivos

Descreva a Política de Motivação e Incentivos às Equipes de Vendas. Nesta política, além de uma visão genérica, deve constar a política para reuniões de vendas, convenções, concurso/premiação, campanhas de incentivo, plano de carreira e comunicação com a equipe. Proponha uma política para esta área caso não exista. Destaque, se for o caso, o que é recomendado aplicar como mudança.

9.7 Remuneração

Escreva quais são os elementos relacionados à remuneração e os benefícios que vão constar na Política Comercial e que já são aplicados na empresa em estudo. Proponha uma política para esta área caso não exista. Destaque, se for o caso, o que é recomendado aplicar como mudança.

9.7.1 Premissa básica

Descreva uma visão geral de como é tratada a política de remuneração. Use como referência o documento da Empresa Fantasia.

9.7.2 Remuneração – premissas adotadas

Descreva as premissas adotadas na área comercial pela empresa em estudo. Proponha modificações caso sejam necessárias. Considere como roteiro as seguintes áreas: premissas quanto à hierarquia, à experiência, aos cargos, quando fixas e variáveis, quanto ao balanceamento, limite máximo de remuneração, apropriação das vendas em cada território, cálculo das comissões (estrutura), remuneração no período de experiência, data de liquidação das comissões, premiação e incentivos.

9.8 Benefícios

Faça um quadro que relacione para cada função comercial os benefícios que a empresa oferece, contemplando: vale-refeição, vale-alimentação, vale-combustível, assistência médica, carro da empresa, celular, bônus anual, participação nos lucros etc.

10. ADMINISTRAÇÃO E CONTROLE DE VENDAS

Descreva como é o Sistema de Vendas da Empresa em estudo. Use como referência o sistema de vendas apresentado para a Empresa Fantasia.

10.1 Formulários e métricas de controle de administração de vendas

Certifique-se de apresentar as bases em que são verificados os resultados (as métricas) de vendas. Utilize como referência os 20 exemplos apresentados no documento da Empresa Fantasia.

grupo novo século

Compartilhando propósitos e conectando pessoas
Visite nosso site e fique por dentro dos nossos lançamentos:
www.gruponovoseculo.com.br

figurati

facebook/editorafigurati
@figuratioficial

Edição: 1ª
Fonte: Garamond Premier Pro

gruponovoseculo.com.br